MELHORES
POEMAS

José Paulo Paes

Direção
EDLA VAN STEEN

MELHORES
POEMAS

José Paulo Paes

Seleção
DAVI ARRIGUCCI JR.

© José Paulo Paes, 1996
6ª Edição, Global Editora, São Paulo 2003
3ª Reimpressão, 2021

Jefferson L. Alves – diretor editorial
Alexandra Costa da Fonseca – assistente editorial
Flávio Samuel – gerente de produção
Maria Clara B. Fontanella e Liliana Chiodo C. R. de Almeida – revisão
Victor Burton – Capa
Antonio Silvio Lopes – editoração eletrônica

Dados Internacionais de Catalogação na Publicação (CIP)
(Câmara Brasileira do Livro, SP, Brasil)

Paes, José Paulo, 1926-
  Os melhores poemas de José Paulo Paes / seleção Davi Arrigucci Jr. - 6ª ed. - São Paulo : Global, 2003 - (Os melhores poemas ; 37)
  ISBN 978-85-260-0600-3

  1. Poesia brasileira I. Arrigucci Júnior, Davi, 1943-.
  II. Título. III. Série

98-2358   CDD-869.915

Índices para catálogo sistemático:
1. Poesia : Século 20 : Literatura brasileira 869.915
2. Século 20 : Poesia : Literatura brasileira 869.915

Obra atualizada conforme o
NOVO ACORDO ORTOGRÁFICO DA LÍNGUA PORTUGUESA

Global Editora e Distribuidora Ltda.
Rua Pirapitingui, 111 — Liberdade
CEP 01508-020 — São Paulo — SP
Tel.: (11) 3277-7999
e-mail: global@globaleditora.com.br

 globaleditora.com.br   /globaleditora

blog.globaleditora.com.br   /globaleditora

 /globaleditora   /globaleditora

  /globaleditora

 Direitos reservados.
Colabore com a produção científica e cultural.
Proibida a reprodução total ou parcial desta obra
sem a autorização do editor.

Nº de Catálogo: **1978**

Davi Arrigucci Jr., ensaísta, crítico e professor de Teoria Literária e Literatura Comparada na Universidade de São Paulo, nasceu em São João da Boa Vista, São Paulo, em 1943. Tem colaborado nos principais jornais e revistas do país. Deu aulas e conferências no interior do Brasil e no exterior: México, Estados Unidos, Cuba, Chile, Itália, Portugal. Tem ensaios traduzidos na Argentina, na Colômbia, na Venezuela e no México. Publicou os seguintes livros: *O escorpião encalacrado (A poética da destruição em Julio Cortázar); Achados e perdidos. Ensaios críticos; Enigma e comentário. Ensaios sobre literatura e experiência; Humildade, paixão e morte: a poesia de Manuel Bandeira; O cacto e as ruínas. A poesia entre outras artes.*
Seus últimos trabalhos, sobre as relações entre literatura e experiência histórica, são estudos das obras de Guimarães Rosa e Jorge Luis Borges. Para a Global Editora, organizou o volume *Os Melhores Contos de Rubem Braga*, em 1985.

AGORA É TUDO HISTÓRIA

(...) quando penso que alguém da grandeza de Manuel Bandeira se considerava um poeta menor, que mais posso ser senão um mínimo poeta?
José Paulo Paes, "Quem, eu?"

Não é o chiste rasa coisa ordinária (...)
Guimarães Rosa, "Tutaméia"

No mínimo, poeta

Pode-se ler a poesia de José Paulo Paes, breve e aguda a cada lance em sua tendência constante ao epigrama, como se formasse um só cancioneiro da vida toda de um homem que respondeu com poemas aos apelos do mundo e de sua existência interior. Já vai meio século, desde que ela começou com *O aluno*, em 1947. O poeta foi decerto se transformando, e a obra deixa ver sensíveis mudanças ao longo dos anos. O início é uma fase de aprendizado e herança do Modernismo: havia na "Canção do afogado", com a evocação de "Maninha" e a reiterada ameaça de naufrágio, ecos bandeirianos, além da alusão direta a Bandeira, em "O aluno", em que enumerava suas paixões literárias desse tempo. A presença mais forte, no entanto, era a de Drummond, declarada na "Drummondiana", mas muito mais entranhada em

"Balada", "O homem no quarto", "O engenheiro", com aquele jeito peculiar dele de exprimir o sentimento do esforço inútil, a angústia meditativa, o ar de perplexidade[1]. Murilo também comparecia, "conversando com anjos e demônios", e Oswald, decisivo depois, estava ainda ausente nesses versos de tom sério e intimista, que encontravam em Carlitos, figura tão cara aos modernistas alguns anos antes, um emblema de sonho e liberdade, evocando a esperança utópica de uma nova ordem social.

No livro seguinte, *Cúmplices*, de 1951, o poeta já tem voz própria; havia absorvido em profundidade o legado modernista, buscando a poesia que se revela nas coisas simples, em esferas baixas e corriqueiras da realidade. Surge, então, com a simplicidade de um idílio pastoral, quase como uma Marília de Dirceu, a musa para sempre, Dora: a matéria íntima já não é mera postura literária, ganhara com o lastro da experiência, em depurada concentração artística. A novidade radical, nesse sentido, é agora a matriz epigramática, com o corte seco da linguagem reduzida à forma breve, embora sem a verve satírica que desponta depois.

Em resumo, fiel à herança modernista, José Paulo tendeu logo à aproximação sem ênfase do cotidiano, recusando-se a toda exaltação estilística. Desse modo, se afastava da retórica do sublime e do culto do mis-

---

1. Numa carta a José Paulo, de 25 de maio de 1947, Drummond, que sem dúvida percebeu suas próprias pegadas e as de outros modernistas no jovem autor, formula em termos exatos e justos a impressão que lhe causaram os versos de *O aluno*, lidos antes do livro num caderno que lhe levara Carlos Scliar: "Minha opinião de leitor foi desde logo a de que no caderno havia um poeta que ainda não chegara a escrever seus próprios poemas". A carta se acha integralmente reproduzida em: Paes, J. P. *O aluno*. Ponta Grossa, Editora UEPG, 1997, pp. 35-36.

tério poético tal como já o professavam os poetas da geração de 45, a que cronologicamente deveria pertencer. A poesia, para esse futuro tradutor dos ensaios de Ezra Pound, já parecia mostrar-se uma forma de condensação[2]. A faceta cortante da linguagem e uma irônica atitude diante de si mesmo que só iria acentuar-se nos livros posteriores destacam a marcada diferença de seu perfil, ajustado ao talho do epigrama*.

Com isso, se diferenciava também de João Cabral, que pertencia à mesma geração, mas logo se distinguiu pela originalidade de sua sólida obra de grande poeta. É que depois do primeiro livro em que seu engenho construtivo ainda se associava a traços surrealistas, passou só a construir com observação precisa e linguagem enxuta, como um antídoto anti-retórico, a dicção que lhe é tão característica. Ela parece ganhar peso e densidade pela materialidade verbal, imitada de coisas concretas e recortada em versos breves e quadras recorrentes, como se o poeta pela lucidez vigilante e a recusa ao supérfluo e a todo sentimentalismo fosse capaz de aprender do modo de ser da pedra uma lição ao mesmo tempo ética e poética. Na verdade, inventou com sua maneira tão própria de articular, *a palo seco*, rigor intelectual e imaginação plástica uma retórica nova, rondada pelo silêncio, máquina de achar no menos o que os outros em vão buscavam no mais.

---

2. Em colaboração com Augusto de Campos traduziria o *ABC da literatura* (1970), e com Heloysa de Lima Dantas, *A arte da poesia (Ensaios escolhidos)* (1976). No primeiro deles, como é sabido, Pound associa a tarefa do poeta, *Dichter*, em alemão, ao verbo *dichten*, condensar, deixando clara sua opção por uma poesia feita de "essências e medulas". Cf. São Paulo, Cultrix, 1970, p. 86.

* No "Prefácio" que escreveu para o volume da poesia reunida, *Um por todos*, em 1986, Alfredo Bosi já apontou como a vertente epigramática acabou por se tornar "congenial à palavra de José Paulo Paes". Cf. ed. cit., São Paulo, Brasiliense, 1986, p. 22.

A vertente epigramática de José Paulo, sublinhada pelo sarcasmo, transformado em condição da verdade, atinge grande contundência em *Anatomias*, de 1967, depois de se mostrar como o veio principal nas "Novas Cartas Chilenas" (1954) e nos "Epigramas" (1958), séries que acrescentou a seus livros iniciais na edição dos *Poemas reunidos*, em 1961. No livro de 67, porém, a matriz formal, já armada do humor oswaldiano, mostrava sua maleabilidade dentro da brevidade, em contacto estreito com o Concretismo e suas exigências de uma poesia sintética: destruição paródica; desmontagem do verso e destaque da palavra isolada; remontagem vocabular, trocadilhos, jogos paronomásticos; espacialização, incorporação do visual à estrutura do poema, mas tudo em espaço exíguo, com recorte crítico e forte espírito satírico, voltado para as circunstâncias político-sociais do momento histórico brasileiro depois do golpe militar de 64. Um epigrama em ponta seca, feito "À moda da casa" e à maneira de Oswald, dá testemunho da cara dessa poesia e do país, ao enumerar na seqüência irônica de quatro palavras escolhidas a dedo as virtudes nacionais até seu fim histórico:

>feijoada
>marmelada
>goleada
>quartelada

Ao comentar o livro, Augusto de Campos apontou essa proximidade, sem ortodoxia, com os concretos, frisando a descendência de Oswald e do poemapiada modernista, levada ao extremo, e a afinidade com o "salto participante" concretista, em vivo contraste com a seriedade estetizante do lirismo de 45. Na direção de passagem do epigrama para o ideograma, notou ainda a incorporação dessacralizante do signo não-verbal, como na ótima "Anatomia da Musa", a seu ver já contida "nas últimas propostas da poesia de vanguarda", reconhecendo, por fim, na síntese, a própria essência da poesia e no humor, uma arma legítima contra a pequenez do "sistema"[3]. À primeira vista, podia parecer que José Paulo se enquadrava nos limites do projeto concretista, tantos eram os pontos visíveis de contacto, quando no fundo já era muito diverso, e não tardaria a deixar ver melhor as diferenças fundamentais.

Em *Meia palavra*, de 1973, tudo se intensifica, reduzindo-se paradoxalmente, ainda mais, a muito menos, ao mínimo: o poeta buscava de fato, por meio de reconcentrada operação verbal, a correspondência, que por vezes se faz identidade, do grande com o pequeno, como se procurasse ver o mundo num grão de areia. Ia ficando claro que a condensação poética se encaminhava, pelo molde minúsculo e o corte espirituoso, mas sem traço eufórico em sua latente gravidade, para uma forma de *chiste*[4] já muito distante da tradição modernista.

---

3. "Do epigrama ao ideograma", de Augusto de Campos, apareceu na orelha de *Anatomias*. São Paulo, Cultrix, 1967.

4. Infelizmente não dispomos de um termo melhor que *chiste* para nomear o conceito de *Witz* dos alemães ou *wit* dos ingleses, a que os românticos de Iena deram, conforme se sabe, grande importância teórica, como se pode ver pela obra de Friedrich Schlegel. Consultar o excelente estudo que dedicou ao tema Márcio Suzuki em sua tese de doutorado: *O gênio romântico. Crítica e história da filosofia em Friedrich Schlegel*. São Paulo, Faculdade de Filosofia, Letras e Ciências Humanas da USP, 1997.

Já não era a estocada oswaldiana, em que a agressividade demolidora toma o ar brincalhão de jogo e a crueldade infantil desponta com aparente ingenuidade e euforia de uma espontânea compulsão à perfídia. José Paulo não perde a deixa para o *mot d'esprit*, mas a chispa verbal, quando acertada, se situa em conexão meditativa, numa encruzilhada de associações, de tendências contraditórias, com uma ponta de fogo e gelo que arde e traz à luz o que não se pode dizer senão assim. Ao contrário de Oswald, dá mostras de estar acuado ou na defensiva, e a economia de meios, o prazer lúdico do lance verbal, o gosto do disparate, tudo o que parece fazer a tensão, a graça e o prazer do chiste assume nele força catártica, como o desafogo que pudesse redimi-lo ou a todos nós de uma pressão indizível, feito uma arma de combate em luta contra a repressão vinda de dentro ou de fora do poeta[5].

A opressão política dos anos da ditadura militar, a que em boa parte corresponde a "meia palavra" do título, sob ameaça da tesoura da censura, encontrará em 1980 a mais aguda resistência no humor ferino de *Resíduo*, lapidarmente afeito à forma incisiva do epigrama: redução extrema da poesia ao que sobrava

---

5. Nesse sentido, é muito reveladora a ótima poesia para crianças que José Paulo escreverá a partir de certa altura de sua carreira. Nela se nota que ele se aproxima, por assim dizer, da psicogênese do chiste, de que tratou Freud em seu estudo sobre as relações entre o chiste e o inconsciente, porque nela, mais do que na poesia para adultos, se sente que o poeta dá espaço livre para o prazer, removendo por esse meio toda coerção ou autocensura. De fato, nela se reconhece uma soltura maior daquele que escreve "poemas para brincar", fazendo dos jogos verbais, sem medo do *nonsense* ou do absurdo, um campo extraordinário de invenção e liberdade, o que nos faz relembrar o que diz Schiller, nas cartas para *A educação estética do homem*: "o homem só é verdadeira e plenamente humano quando joga".

para dizer. Mas no essencial esse livro já vem antecipado pelo corte agudo de *Meia palavra*, por isso mesmo um marco do avanço da arte de José Paulo, no processo de ajuste da expressão reduzida à circunstância histórica. Em sua condensação formal, de valor sobretudo metonímico, pela relação com a realidade em torno, por vezes também objeto de alusão ou referência metafórica, o epigrama cumpria ao mesmo tempo sua antiga função social e política, como na velha Roma de Marcial e Juvenal, reivindicando os direitos elementares dos cidadãos, agora reduzidos, com o sal do chiste, a "suicidadãos".

A matéria vivida, comprimida ao máximo, ganhava na expressão o realce do mínimo. Com efeito, num poemeto-síntese de *Meia palavra* e desses tempos soturnos, que lembra o "À moda da casa" de *Anatomias*, mas numa chave modificada e mais complexa, a técnica de montagem vocabular, afiada na prática da vanguarda, resumia, em poucas palavras de prensada ironia, o enorme descalabro creditado aos brasileiros, sob a pressão das botas e a expansão sem freios do capital, obrigados a assistir a um ilusório milagre econômico, com dias contados até o inevitável desastre:

SEU METALÉXICO

economiopia
desenvolvimentir
utopiada
consumidoidos
patriotários
suicidadãos

Mesmo de passagem, uma breve análise, que se case à abreviação reinante no texto, logo revela que o fundamento do poema é um chiste múltiplo, formado por essa lista aparentemente arbitrária de seis palavras dúplices. De fato, a duplicidade contraditória do sentido a cada novo termo, composto como um neologismo pela fusão de dois termos distantes, se reitera cumulativamente até o último vocábulo enumerado, de modo que resulta um léxico insólito, a que o possessivo e o prefixo grego *metá* do título parecem conferir ao mesmo tempo uma atribuição (ao leitor, ao cidadão) e a transcendência. Cada uma dessas palavras mistas vai de fato além do limite de si mesma, ao somar outra antes de concluir, e assim a direção inicial do sentido é reposta em rumo inesperado, que se enfrenta com o primeiro, em contraposição irônica. Essas palavras compostas parecem então dialógicas e dramáticas em si mesmas, ao encenarem a cada passo a minúscula comédia em que uma primeira proposta enfatuada de sentido é furada pela seqüência irônica do final. Como a enumeração paralelística dos termos é cumulativa, os *suicidadãos* do fim recebem o efeito do conjunto, em que se resume em anedota mínima uma vasta, séria e problemática situação de opressão política, e, a uma só vez, a reação psicológica a essa situação. O que parece arbitrário na escolha e formação dos vocábulos se torna necessário internamente, pela interligação das partes análogas, postas em paralelo, e pelo acúmulo e conseqüente enlace dos significados parciais na significação do todo. O chiste condensa, unifica e metaforiza, portanto, um mundo, como se a força compressora com que funde os vocábulos distintos e distantes reproduzisse a força bruta de fora em contraponto verbal, para responder idealmente, com fina ironia, à agressividade real do contexto histórico. A graça verbal, de que nasce primeiro o desconcerto, é o ponto de fusão e afloramento do psicológico e do social: o que soa como resposta política também ressoa como alívio subjetivo; o sujeito oculto é um dos cidadãos em padecente e compartilhado testemunho. Na economia do chiste, em que as palavras vão além do que são em si mesmas – *metaléxico* –, o resumo da opressão é também a graça espinhosa da descompressão.

No importante poema que serve de súmula desse momento duro e de fecho a *Meia palavra*, o poeta parece atingir o limite nos atos e nos poemas, despojado de tudo e já sem o que dizer. Poesia comprimida e existência reclusa; forma e vida diminuídas, em áspero pacto, à beira do silêncio:

TERMO DE RESPONSABILIDADE

mais nada
a dizer: só o vício
de roer os ossos
do ofício

já nenhum estandarte
à mão
enfim a tripa feita
coração

silêncio
por dentro sol de graça
o resto literatura
às traças!

No modo de redução poética desses três últimos livros – *Anatomias, Meia palavra* e *Resíduo* – é que José Paulo deixa ver às claras o verdadeiro sentido do processo de sua formação. Aceitando aqui e ali, pelo caminho, sugestões afins a seu próprio modo de ser, na verdade ele produzia uma síntese própria, obedecendo a uma coerência interna, que permite distinguir sempre sua individualidade poética e a forma particular e orgânica que inventou para se exprimir. Para tanto, reelaborou a herança modernista, que, no mais fundo, foi mesmo o substrato drummondiano, cujos desdobramentos depois se verá, mas é já tão evidente nos poemas citados; a isso depois veio somar-se a vertente oswaldiana, e o fato decisivo foi que acabou casando tudo, pelo feitio de sua própria personalidade, com a antiga matriz do epigrama, a que tendeu desde muito cedo, estilizando-a a seu modo com a ponta afiada do chiste. O resultado foi algo muito distinto do poema-piada modernista ou do "poema-pílula" oswaldiano. Era a fórmula pessoal que lhe permitia ao mesmo tempo reler a tradição, glosar lições do passado (como ao reassumir o tom satírico das *Cartas chilenas* para falar do presente), aceitar ou não procedimentos da vanguarda coetânea, e inserir-se, com consciência irônica e carga crítica, munido de um programa de recusas necessárias e linguagem sob medida, na perspectiva do mundo contemporâneo. Uma altiva atitude, diga-se de passagem, num homem modesto e muito voltado para a alquimia das pequenas coisas no cadinho do poema.

Assim o artesão já chegara à plenitude madura do estilo, mas não conjuntamente com o adensamento da experiência pessoal, que nem sempre tem o mesmo ritmo do aprendizado técnico; este às vezes dá saltos desencontrados por influência de estímulos exteriores, sem relação orgânica com a necessidade interna de expressão. Demorada, custosa, difícil, a conjunção vai se mostrando, no entanto, cada vez mais dominante nos livros de 73, 80 e 90 em diante. É que só então se dá a posse mais íntima da fórmula já forjada numa forma verdadeiramente pessoal, de modo a libertar o poeta de corpo inteiro, senhor de si e de seus meios, pronto para muitos dos pontos mais altos de sua obra.

A poesia reunida em *Um por todos*, em 1986, delineia perfeitamente o longo percurso do aprendizado, com a lenta sendimentação do vivido em processo de ajuste com o aprimoramento da técnica, até a plena confirmação da forma pessoal. Além disso, revela ainda uma tendência que não se via bem nos primeiros livros isolados, mas que passa a ser cada vez mais clara e significativa para a compreensão do conjunto da produção poética de José Paulo. É que os poemetos vão ganhando força pelo agrupamento como partes de um mosaico maior ou mais propriamente de um cancioneiro só, como se fossem fragmentos de um todo inconcluso mas nitidamente configurado, na medida em que passam a compor uma espécie de mitologia pessoal a que o tempo vai dando uma inconfundível fisionomia. À maneira de alguns outros poetas contemporâneos, como Umberto Saba na Itália, Jorge Guillén na Espanha ou, de certo modo, em seu percurso antipoético, Nicanor Parra no Chile, para só nomear grandes exemplos, os poemas isolados vão compondo uma articulação virtual com a obra toda, à proporção que são passos de um mesmo testemunho individual e parecem coadunar-se com o próprio ciclo da existência humana do poeta.

Na verdade, no caso de nosso autor, cada pequeno poema revela a forma que o movimento do espírito logrou fixar a cada instante de iluminação lírica a partir de um inesgotável conteúdo natural, à deriva no tempo, como um resgate do humano frente ao inexorável fluxo das coisas. A obra assume ares de mitologia pessoal ao acompanhar mimeticamente a curvatura do tempo no ciclo vital, como um diagrama formal do traçado da existência, interiorizando no ritmo poético o ritmo da natureza. À medida que se esvai o tempo, o poeta se aproxima cada vez mais do que ele é no mais fundo.

Assim, o envelhecimento fez bem a José Paulo – de algum modo a experiência foi modelando o poeta, como às vezes ela faz e às vezes desfaz –, como se ele precisasse da substância que fica do tempo que passa para mostrar o verdadeiro rosto e toda a sua garra, em luta com o instante. A bengala que reúne o rebanho de seus próprios passos viu reunirem-se também os poemas, fragmentos dispersos ao longo da vida, na unidade múltipla e mutável dessa mitologia que corresponde ao itinerário do autor como um traçado em aberto, mediante o qual ele presta testemunho de si mesmo diante do mundo, em resposta ao desafio incessante que viveu na busca pelo sentido. Por isso exatamente, esse livro de incorporação dos demais, no qual a junção entre técnica e experiência vai se tornando imperativa, integrando-se à busca mais íntima, prepara ainda o salto para o melhor, que vem depois.

Penso sobretudo em *Prosas seguidas de odes mínimas*, de 1992, a meu ver, o livro de poesia mais importante que escreveu, e *A meu esmo*, de 1995, com poemas de alta qualidade. Representam os instantes de adensamento em que a experiência moldada pela imaginação se funde na melhor forma.

A poesia está morta mas juro que não fui eu, de 1988, revela inclinação para a boa vertente, quando não cede a facilidades e não se queima na pura piada. Uma das questões essenciais a respeito de toda a poesia de José Paulo é saber quando é que a piada funciona para além de si mesma, abrindo-se para o inesgotável. Nesse livro, se destacam procedimentos já dominados e infelizmente também não poucas fraquezas. Nos bons exemplos, porém, está viva a tendência para a incorporação de algo mais complexo, conquistado e assimilado de modo orgânico. Como sempre isso é um pouco paradoxal e parece ter dependido de um contacto externo, da experiência acumulada em viagens ao exterior, capaz de propiciar, no entanto, a revisão do vivido no âmbito da intimidade e do poema, que então também consegue alçar vôo para além do mero jogo verbal e da fórmula feita.

Num poeta dessa linhagem, o trocadilho e todas as outras modalidades de jogo verbal, sempre divertidos, constituem uma natural disposição do espírito, mas às vezes lhes falta consistência interna ou surge, apesar deles, uma insuficiência, e a poesia não se sustenta. Isso não impede, por outro lado, que a agudeza expressiva do chiste seja um procedimento fundamental da obra toda e responda pela maioria de seus melhores momentos. A delicada relação entre chiste e poesia (com certeza tão complexa quanto as relações

19

entre o primeiro e o inconsciente, conforme se viu pelo estudo famoso de Freud[6]) se coloca, pois, como uma das questões centrais aqui. O que se nota de antemão, é que nos bons momentos o espírito logra selar na síntese verbal o encontro de coisas desencontradas ou pensamentos distantes, e da perfeita fusão do todo um amplo e inesgotável sentido se irradia. É quando se vê assomar um mundo em miniatura: o todo no mínimo.

A ciência e os riscos da arte do poeta residem, ao que parece, portanto, na junção arriscada com que na forma mínima devem se ajustar, com a eficácia de um lampejo, a emoção concentrada do Eu e o seu incisivo escrutínio da realidade. A ponta acerada do estilete recorta duramente a linguagem em busca do retalho revelador. Quando se acerta o corte na exata percepção, o espírito sopra e, com a aparição do poema, as coisas, sob luz nova, são mais do que são. Ou não são, e o poema se apaga logo, com o brilho fugaz de um fósforo riscado.

Às vezes José Paulo erra a mão e sua mágica tem vôo curto, mas ainda assim revela o método dos melhores momentos quando a poesia vai além do mero jogo de palavras e cristaliza na unidade da forma o sopro do espírito que dá vida ao todo. É o caso do singelo e extraordinário "Madrigal", em que uma equação amorosa nascida das coisas simples se expande em reflexos no universo inteiro, unindo o pequeno e o grande, a partir da declaração de amor à musa sem-

---

6. Freud, Sigmund. *El chiste y su relación con lo inconsciente*. Em suas: *Obras completas*. Trad. Luis Lopez-Ballesteros y de Torres. Madrid, Biblioteca Nueva, 3ª ed., 1973, t. I, pp. 1029-1167.

piterna, Dora; aí então, imagens e sons em uníssono com o sentimento, tudo se enlaça no todo, como transluzindo no cosmo a transparente fidelidade do amante espelhada no olhar do cão, e da harmoniosa unidade brota pura a poesia:

> Meu amor é simples, Dora,
> Como a água e o pão.
>
> Como o céu refletido
> Nas pupilas de um cão.

Considerada no conjunto, porém, pode-se dizer que essa poesia de fato se conforma ao arco de uma vida, com seus grandes e pequenos momentos, para exprimir de forma concisa e irônica o drama humano sob o prisma da subjetividade lírica. Parece que bastou ao poeta ser sempre mais, conforme sua matriz central, no mínimo, modificando-se para reconhecer-se no recesso do mais íntimo, sem se eximir do mundo, mas para encontrar-se consigo mesmo numa progressiva dádiva de si que faz de todo novo poema apenas o penúltimo poema de uma vida inteira dada à poesia.

Essa coerência profunda e o empenho desdobrado anos a fio conferem à obra de José Paulo um lugar ímpar no panorama da lírica brasileira desta segunda metade do século. Mas é a própria poesia que dá o que pensar sobre o lugar que ela ocupa no cerne mesmo do destino de um homem que a ela se entregou tão intensamente. Talvez, com Ungaretti, pudesse ele dizer: eis a vida de um homem. Por isso, refletir sobre a poesia é aqui, de algum modo, tentar interpretar o sentido de uma vida.

O pequeno e o grande

José Paulo é um verdadeiro homem de letras, reconhecido como tradutor, crítico e ensaísta; ganhou a vida como químico industrial e funcionário de uma editora, e tem sido também desde sempre um autodidata, estudioso de línguas, e um viajante, aprendiz de lugares e coisas, sobretudo de espaços literários, que percorre incansavelmente como fervoroso leitor dos mais variados gêneros. São, entretanto, esses pequeninos poemas armazenados no decorrer de toda uma existência que constituem o centro de sua obra, pois neles está depositada a sua experiência mais íntima e seu sentimento do tempo, de seu tempo, na forma em que foi tocado em sua sensibilidade artística e pôde responder por palavras enquanto cidadão e poeta.

É provável que tenha sido para conjugar essas duas dimensões de sua existência que o poeta escolheu o epigrama como a matriz formal de sua arte. Deve-se tomar num sentido lato o termo *epigrama* para compreender o que significa essa escolha, em várias direções.

Desde suas formas arcaicas, enquanto inscrição feita na pedra para assinalar o reconhecimento de que ali alguma coisa *é*, até o amplo desenvolvimento que teve na poesia greco-latina e, posteriormente, nos empregos pontuais ao longo dos séculos da cultura poética ocidental, o epigrama sempre se mostrou renitente à definição precisa. Em princípio, constitui uma fórmula condensada em poucos versos, na qual se mesclam os gêneros, podendo combinar a notação épica do acontecimento e o sentimento do drama ao tom lírico da elegia ou à verve satírica, a que em geral vem associado em nossos dias. É que além do traço primitivo da mistura dos gêneros e de sua extensa voga entre os romanos, ficou-nos sobretudo do epigrama essa idéia da forma incisiva, voltada para o comentário irônico ou corrosivamente satírico da vida pública.

José Paulo retoma, sem dúvida, essa tradição da forma epigramática, mas refaz o molde à sua maneira, ajustando-o, é claro, às necessidades expressivas de nosso tempo e de sua própria personalidade poética. O antigo vínculo do epigrama com a ironia, como em Roma, onde se mostrou uma forma de expressão profundamente ligada à urbanidade, se mantém por completo, mas mediado pelas muitas transformações por que passou a concepção moderna da ironia, desde o Romantismo.

É sabido como esse conceito se estendeu muito, deixando de se referir apenas ao procedimento retórico que dá a entender o oposto do que se diz, para recobrir uma atitude socrática diante do mundo, feita a uma só vez de seriedade e espírito lúdico, como uma intuição dos reiterados contrastes entre o ideal e o real. Representação da antinomia, a ironia se torna expressão da consciência cindida, que ao mesmo tempo se diz parte e se aparta do que se chama realidade, refletindo sobre si mesma e seus próprios limites, movendo-se a partir de um agudo senso de paródia de si mesma.

A locução *Quem, eu?*, que serve de título à autobiografia do poeta[7], dá a justa medida irônica com que, também no âmbito dos poemas, surgem as figu-

---

7. Paes, J. P. *Quem, eu? Um poeta como outro qualquer.* São Paulo, Atual, 1966.

rações do sujeito lírico, demonstrando o quanto José Paulo deve a essa extensão moderna do conceito de ironia e à sua abertura a tantas perplexidades revertidas sobre a questão do sujeito. Com efeito, pelo filtro do epigrama, ao propor o reconhecimento do mundo a partir da perspectiva diminuída, por vezes deixa ver junto com a ironia a consciência reflexa e abissal de uma unidade quebrada, quando o vazio pode habitar o interior do próprio ser. Assim, em "O poeta, ao espelho, barbeando-se". Se o Eu, antes de enfrentar a luta diária, depois de alguma perplexidade, se reconhece *por inteiro* no espelho, o que contempla afinal é a redução reiterada de si próprio à máscara esvaziada da rotina. Por isso, a repetição espelhada do Eu no fim serve de irônica ressonância, a esta espécie de anti-epifania:

>   o rito
>   do dia
>   o rictus
>   do dia
>   o risco
>   do dia
>
>   EU?
>   UE?
>
>   olho
>   por olho
>   dente
>   por dente
>   ruga
>   por ruga
>
>   EU?
>   UE?

o fio
da barba
o fio
da navalha
a vida
por um fio

EU?
UE?

mas a barba
feita
a máscara
refeita
mais um dia
aceita

EU
EU

    Se a ironia conduz ao dobrar-se do sujeito sobre si próprio, leva-o também, por outro lado, para fora de si. Fica evidente que a poesia de José Paulo tem também uma dimensão pública parecida à do epigrama antigo e se inscreve sempre, com distância e objetividade, como uma notação épica da realidade cravada no momento: palavra sobre a História.
    Essa épica em registro mínimo é um dos maiores encantos de sua obra, pois confere ao epigrama o vivo interesse de um testemunho sobre o presente. Seu engenho de agudezas reflete a consciência vigilante diante da cidade dos homens, dos gestos e dos rictos sociais, da mecanização rotineira dos hábitos, dos clichês da linguagem, das relações reificadas na intimidade do cidadão comum e em seus contactos com as esferas de poder. É uma poesia da civilidade,

exatamente num momento em que os direitos civis estão mais ameaçados e a maior parte da população do país está muito longe – pela pobreza, pela falta de educação e de acesso a qualquer justiça –, dos direitos mínimos.

Assim presta contas, a seu modo, da experiência de quem padeceu meio século de história brasileira, trazendo a poesia em pequenas doses ao ritmo trepidante e fragmentário da Cidade Moderna (que não é exatamente nenhuma cidade particular), da qual extrai imagens baseadas por vezes em signos não-verbais para a composição dos poemas: como as placas de rua, de *Meia palavra*, que falam por si da liberdade interditada naquele momento. Embora nesse poema específico fique clara a referência a bairros de São Paulo – na placa, ao lado da Liberdade, figuram também o Paraíso e a Vila Mariana –, a cidade aqui é em geral uma abstração e muito diferente, por exemplo, da cidade modernista, da São Paulo de Mário ou do Rio de Bandeira e Drummond. Pode ser que às vezes se perceba ainda uma presença latente de São Paulo, pela escolha do alvo da ironia e da sátira política[8], mas a Cidade é antes de tudo a *pólis* enquanto lugar da urbanidade onde está em jogo o interesse comum dos cidadãos. Por isso, seu epigrama faz pensar com freqüência no modelo histórico do epigrama no quadro da sociedade romana, para a qual a urbanidade representava, como se observa em Cícero e nos

---

8. É o caso de "Neopaulística", onde isso é evidente, mas também o de outros, em que os "filhos fabris", mencionados nesse poema de *Resíduo*, têm o destino abreviado em poucas e boas, a exemplo do "Epitáfio para um banqueiro", de *Anatomias*.

estóicos, uma virtude fundamental[9], de que a ironia, por sua vez, era a expressão característica.

Essa generalidade abstrata que permite o reconhecimento de semelhanças com o mundo dos romanos é, no entanto, apenas um dos aspectos da questão e nos levaria a um equívoco sobre a verdadeira fisionomia da poesia de José Paulo, se não buscássemos o outro aspecto fundamental com o qual o primeiro se articula e que é, por assim dizer, a dimensão infinitamente pequena que se contrapõe a essa face genérica e infinitamente grande. Dessa articulação depende aquela palpitação particular e concreta que dá vida ao epigrama como um todo, como um mundo em miniatura. Compreendê-la supõe penetrar na dialética entre a matriz formal e a História, ou seja, no movimento interno à forma pela qual o infinitamente pequeno chega a se abrir para o infinitamente grande. É nessa articulação que o chiste, com seu engenho e ironia, desempenha um papel essencial, ao promover a ligação entre coisas muito distantes, pensamentos desencontrados, provocando o curto-circuito que incendeia o todo e desfecha o clarão da poesia.

Como se vem dizendo desde o princípio, o estro satírico de José Paulo buscou sempre o verso reduzido e a expressão lapidar, casando o severo laconismo, com *sense of humour*, à intensidade do sentimento,

---

9. Nesse sentido, consultar ainda a tese de Márcio Suzuki acima referida, onde se lembra que, segundo Friedrich Schlegel, a única poesia natural para os romanos foi a sátira, a que ele chama "poesia da urbanidade". Op. cit., p. 173. A afirmativa de Schlegel se acha em sua *Conversa sobre a poesia e outros fragmentos*. Trad. Victor Pierre Stirnimann. São Paulo, Iluminuras, 1994, p. 39 ("Biblioteca Pólen").

que, como em Drummond, é ainda sentimento do mundo. Aqui é nítido o quanto incorporou, sem desdouro nenhum para a originalidade de sua personalidade poética, a lição do poeta modernista para a meditação lírica sobre o tempo presente. Quer dizer: desde o princípio sua poesia se abriu para o seu tempo e a História, mas o modo como o fez é paradoxal porque se deu, às vezes até bandeirianamente, pela incorporação das pequenas coisas, ou se se quiser, pela redução do mundo de fora à proporção diminuta da miniatura poética.

Dito desse modo, pode ainda soar genérico e abstrato, mas a verdade é que José Paulo lida com coisas concretas à sua volta, que podem ser, e são com freqüência, como em seus últimos livros[10], pequenas coisas: a casa, o jabuti do jardim, a tinta de escrever, o espelho, os óculos, a bengala, o fósforo, o alfinete. É mediante a percepção poética delas em determinadas situações que percebe ao mesmo tempo o movimento da História que as anima, enquanto parte da experiência a uma só vez mais íntima e mais ampla.

Com efeito, nesses poemas mais recentes é muito perceptível o adensamento da experiência interior e a expressão muito próxima da intimidade, tudo reconcentrado intensamente, com grande complexidade, no mínimo, mas também tudo aberto para o geral, ou seja, para o infinitamente grande. Através do pequeno, o poeta se liga a algo maior, ao vasto mundo (para reafirmar ainda a expressão drummondiana),

---

10. Refiro-me às *Prosas seguidas de odes mínimas* (São Paulo, Companhia das Letras, 1992) e aos 15 poemas desgarrados de *A meu esmo* (Ilha de Santa Catarina, Noa Noa, 1995).

para o qual aponta com sua palavra como que indicialmente, não apenas para registrar-lhe a viva presença na consciência subjetiva, ao tentar dizer o que é cada coisa em cada caso, mas para exprimir o sinal da emoção, muitas vezes marca da ironia e da negatividade de um ser individual em meio ao universo em que lhe tocou viver.

A poesia é também aqui, como se vê, uma forma de comportamento – até provavelmente uma forma peculiar de aprendizagem – que se traduz pela expressão lírica como manifestação particular do sujeito individual, o qual, por esse modo de exprimir-se, exprime igualmente uma atitude frente ao geral das coisas. Esta particular reunião de poética e ética tende, como se disse, às formas da brevidade, e mediante o contraditório movimento da ironia, procura condensar ainda o modo de ser próprio das coisas ao redor, em breves aparições, numa contida metafísica de meias palavras.

Mexendo o tempo todo com coisas concretas e próximas, José Paulo lança sondas além, em busca de irradiações gerais. O chiste se mostra então como um meio de conexão: o verdadeiro princípio de articulação pelo qual se processa a unificação do divergente no interior do todo minúsculo. O poema se torna uma espécie de "anedota de abstração"[11], sem deixar de situar-se sempre no aqui e agora. Como

---

11. Como se sabe, com esta expressão aguda, Guimarães Rosa designava o modo de ser do chiste, dele aproximando seus continhos descarnados e difíceis da fase final de *Tutaméia* e fazendo pensar, ao mesmo tempo, nas fábulas abstratas de identidade em que se pode reconhecer o mito. Cf. o prefácio "Aletria e hermenêutica". *Tutaméia. Terceiras estórias*. Rio de Janeiro, José Olympio, 1967, pp. 3-12.

resultado, resume ao mínimo o mundo de dentro e de fora, num instante de iluminação subjetiva em que fica evidente na atitude do poeta a marca particular da realidade contemporânea, ao mesmo tempo que se projeta na dimensão do universal. No mais íntimo do mínimo, em sua especificidade, está contido o apelo do geral. Singular em sua fisionomia, pela fórmula peculiar de redução do mundo, cada poemeto traz em seus próprios fundamentos os traços típicos do epigrama e sua vocação para exprimir os traços gerais da urbanidade. Daí que por vezes nos faça lembrar do antigo epigrama latino. Mas o essencial é que o momento histórico se faz parte constitutiva da forma, no cerne dessa lírica engenhosa e de palavras contadas. E é só assim, movendo-se do pequeno ao grande, e de seu tempo a todos os tempos, que ela se universaliza.

Em consonância com esse mundo em pequeno, a expressão lírica deve ser afiadamente reduzida ao mínimo também e, por surgir inscrita no momento histórico, faz do instante a fulguração da amplitude. Nisso reside, portanto, a base da mescla epigramática dos gêneros com que o poeta veio construindo seu universo desde os anos 40: como se vê, um original *minimalismo* que lembra, noutra esfera, seu companheiro de geração e, em parte, de formação curitibana, Dalton Trevisan, feroz resumidor de destinos miúdos.

O peso que a formação provinciana terá tido na configuração interna da obra desses dois escritores não é, com certeza, descartável: na província só se vê de perto, em singular miopia, a figuração imaginária e difusa do distante, apalpável quando muito nas miudezas vizinhas, as únicas ao alcance da mão.

O pequeno se transforma em mediação para o grande: "Todo abismo é navegável a barquinhos de papel", como escreveu Guimarães Rosa, falando da superação dos obstáculos às relações amorosas na vida das aldeias, que, como se sabe e ele também diz, "são a alheia vigilância"[12]. Ali a vida privada e a pública se confrontam todo dia na rua, no mercado, na igreja, nos bares. O íntimo está sempre exposto, de modo que o cotidiano na província é um pouco teatro e tribunal, e, claro também, involuntário testemunho. José Paulo desenvolveu em sua obra um específico olhar provinciano sobre as coisas ao seu redor. Num depoimento que fez ao jornal paranaense *Nicolau*, em 1988, deixa ver com nitidez o que significou para ele a descoberta do vasto mundo, aumentado de repente com a experiência histórica da Segunda Grande Guerra: "Durante a guerra mundial, os olhos provincianos haviam aprendido a se voltar para a amplidão do mundo: um dos romances dessa época se chamava, significativamente, *Grande e estranho é o mundo*. O alargamento de visão se traduzia inclusive num *boom* editorial, já que os livros são janelas permanentemente abertas sobre o mundo. Nessas janelas nos debruçávamos nós, os da geração do imediato pós-guerra – também chamada, com menos propriedade, geração neomodernista ou geração de 45 – para respirar a plenos pulmões os novos ares que começavam a soprar"[13].

---

12. As citações são do conto "Desenredo", de *Tutaméia*, ed. cit., p. 38.
13. Cf. "Um começo de vida", *Nicolau*, ano I, nº 12, 1988, p. 5. Reproduzido na reedição acima citada de *O aluno*, pp. 46-49.

A relação dessa questão com a literatura já se percebe desde o esquema dos gêneros. O romance, gênero moderno por excelência, tão ligado ao universo do trabalho e da metrópole burguesa, manifestou uma queda forte pela observação da vida provinciana, como se pode ver por alguns de seus mais famosos exemplos (como o de *Madame Bovary*), mas a poesia moderna transformou a oposição entre a cidade grande e a província por vezes numa experiência dilaceradora como no caso célebre de Rimbaud. Mas nem sempre, e são muitas as variações e os rumos que tomou a questão, que parece tão relevante para a compreensão da poesia de José Paulo em seu apego à visão minimalista.

No Brasil, o Modernismo trouxe essa oposição para o centro da vida cultural, espelhando não só a formação característica da maioria de nossos escritores, geralmente marcada por traços da tradição rural, mas carreando também os complexos problemas da cultura híbrida pela mistura de elementos tracionais e modernos e os ritmos desiguais do processo histórico-social. O quanto isto pesa internamente na configuração das obras é uma questão em aberto, que deve ser considerada em cada caso.

Diferentemente dos concretistas, dentre nossos poetas os primeiros de extração puramente urbana, como já notou Antonio Candido, José Paulo se entronca à mistura de província com cidade grande, à maneira da linhagem principal do Modernismo, conforme se vê, por exemplo, em Bandeira e Drummond. Neste, à semelhança do que ocorre com outros elementos que entram no jogo de tensões característico de sua obra, a oposição entre província e cidade ganha extraordinária força e enorme raio de ação, atingindo a mais alta complexidade. É que se observa com lente de aumento, no seu caso, pela própria grandeza de sua poesia, como as tensões entre o pequeno e o grande podem chegar a ser muito mais do que um dado da biografia ou elemento considerável na formação da personalidade poética ou ainda um tema relevante, tornando-se, na verdade, um fator básico na determinação da visão do mundo e, na medida em que é constitutivo do próprio processo de conhecimento poético, em componente interno da estrutura. Seria preciso demonstrar, mas como não é o caso aqui, basta pensar no papel desempenhado por Itabira e Minas, que estão na raiz de seu lirismo e que, como algo que se supera mas permanece, acompanham o poeta como a sua sombra[14].

Ao relatar, em *Quem, eu?*, seus anos de formação, José Paulo dá ênfase à vida interiorana que levou em Taquaritinga, em Araçatuba, destacando sobretudo o período decisivo de Curitiba, que, com o intenso convívio nas rodas literárias e artísticas do Café Belas-Artes e depois com a revista *Joaquim*, marca-o fundo, expande seus horizontes culturais e praticamente lhe define a vocação de escritor. Recompõe assim por extenso, em termos biográficos, o processo de aprendizagem que o torna um herdeiro dos fundadores de nossa modernidade poética. De fato é com eles, segundo diz, que "aprendi que poesia é ver as coisas do mundo como se fosse pela primeira vez e expri-

---

14. Como se sabe, "Província, minha sombra" é como Drummond intitulou uma das partes de seus *Passeios na ilha*.

mir essa novidade de visão da maneira mais concisa e intensa possível, numa linguagem onde só haja lugar para o essencial, não para o acessório"[15].

O que fica implícito, porém, nesse depoimento comedido, mas revelador, é o processo de constituição de uma visão à margem dos grandes centros culturais do país, o registro de alguém que se formou na periferia do eixo Rio-São Paulo, longe dos focos de gestação e irradiação dos movimentos poéticos principais, longe de tudo, mas tudo acompanhando de perto, e, por isso mesmo, constituindo seu modo de olhar como um testemunho à distância do vasto mundo. Sua arte, será a uma só vez uma defesa e um meio de expandir a personalidade, ao dar forma poética ao testemunho, que é um modo de se debruçar sobre o mundo, tornando-o visível no mínimo.

O chiste será então um meio de encurtar as distâncias, de trazer para perto o universo longínquo, tornando-o acessível à perspectiva diminuída do mundo pequeno, familiar e íntimo, ao mesmo tempo que dá corpo concreto na brevidade à ampliação da consciência irônica e sua crescente percepção dos desencontros contraditórios do mundo. Entre o pequeno e o grande, o movimento que perfaz o enlace funda também o sentido.

Assim, sua poesia reflete em profundidade esse ângulo de visão armado pela experiência provinciana, no interior do modo mesmo como procede artisticamente ao integrar a província ao vasto mun-

---

15. Op. cit., p. 34.

do mediante o procedimento de ver o grande no mínimo, de minimalizar nos limites reduzidos do poema, feito só com palavras essenciais, o todo intuído num golpe de vista momentâneo[16].

Na verdade, assim fazendo, José Paulo instaura no instante um testemunho sobre a História, que é também um modo de se integrar, pelo registro da passagem do pequeno ao grande, ao movimento do todo, na busca do sentido. A consciência disto vem expressa, sempre com lucidez irônica, na ode mínima dedicada "À tinta de escrever":

> Ao teu azul fidalgo mortifica
> registrar a notícia, escrever
> o bilhete, assinar a promissória
> esses filhos do momento. Sonhas
>
> mais duradouro o pergaminho
> onde pudesses, arte longa em vida breve,
> inscrever, vitríolo o epigrama, lágrima
> a elegia, bronze a epopéia.
>
> Mas já que o duradouro de hoje nem
> espera a tinta do jornal secar,
> firma, azul, a tua promissória
> ao minuto e adeus que agora é tudo História.

---

16. Ao tratar recentemente de um "poeta do interior", o próprio José Paulo revela a perfeita consciência da relação entre a "condição interiorana" e a "reiterada preocupação com a idéia de pequenez", que o livro *Minuto diminuto*, de Flávio Luís Ferrarini, a seus olhos parece exprimir tão bem. Todo o artigo é extremamente revelador da própria poética aqui comentada, pois relaciona a forma abreviada do epigrama – "o todo anão cuja alma é agudeza e cujo corpo é concisão", conforme a definição de Coleridge aí citada – e a experiência provinciana. Cf. Paes, J. P. *Os perigos da poesia e outros ensaios*. Rio de Janeiro, Topbooks, 1997, pp. 84-90.

Convém buscar diretamente num poema dos mais significativos de José Paulo – um verdadeiro poema-síntese da obra toda –, os traços característicos dessa arte que soube incorporar a fundo uma determinada experiência da vida interiorana brasileira, transfigurando-a e condensando-a em formas poéticas da brevidade, para de algum modo prestar contas do destino de um homem.

A perna e o Juízo Final

"À minha perna esquerda" abre a seção de *odes mínimas* que constitui a segunda parte do livro de 1992[17]. É um de seus poemas mais longos, mas na verdade está formado por um bloco de sete pequenos textos, para os quais é ainda básico o molde do epigrama, apesar das sensíveis variações de tratamento da matéria comum que os liga. É difícil falar dele, mesmo depois de perceber como é representativo da obra toda e de sua inflexão para os temas em que sedimentou a experiência pessoal de José Paulo.

Trata-se de algo grave e terrível: o poeta vai ter sua perna esquerda mutilada e se prepara para submeter-se ao inevitável sacrifício.

Sempre avaliamos mal quando alguma coisa assim medonha nos chega, mas o poeta que efetivamente a viveu, não tem escrúpulos em tratar dela às claras, e o faz com a maior dignidade, sem qualquer exibicionismo fácil ou excessivo dramatismo; ao con-

---

17. Como já ficou dito, me refiro às *Prosas seguidas de odes mínimas*.

trário, encara-o de modo realista e de frente em sua objetividade problemática para todo ser humano, sem esconder angústias e tumultos do espírito, sem mitigar a ironia, mas tampouco sem alarde descomedido ou grandiloqüência: trabalha como sempre, à sua maneira minimalista, enfrentando de perto o infortúnio sem tamanho.

Nota-se apenas, desde logo, uma variação de tom e mudanças abruptas de ritmo no conjunto: repentinas oscilações, que parecem sinais de turbulências físicas e espirituais intrínsecas à matéria difícil. Mas há também repousos idílicos, quietudes da alma em provisório abrigo, em meio à tempestade fora de controle. É como se o autor se sentisse obrigado a reconsiderar os seus próprios ritmos e os da existência, partindo do próprio corpo. O golpe impõe um novo arranjo àquela imperceptível música dos membros que funcionam sem ruído até a perda fatal: e então irrompem disritmias violentas, em contraste com sossegadas calmarias, uma verdadeira reavaliação de toda a existência frente à catástrofe que quebra de repente o deslizar da rotina.

Em princípio, o assunto comporta, portanto, por sua própria natureza, uma dimensão trágica, e o poema não se desvia da sugestão patética e implacável do ritual de sacrifício. Mas realmente se encaminha para o *sparagmos*, a dilaceração do corpo (e também da alma) que é o arquétipo da ironia e da sátira[18], forma de tratamento que dá o tom predominante no texto desde o começo.

---

18. Cf. Frye, Northrop. *Anatomia da crítica*. Trad. Péricles Eugenio da Silva Ramos. São Paulo, Cultrix, 1973, p. 190.

Por outro lado, o apoio no modo irônico de tratar um fato real, extraído da experiência vivida, não impede momentos em que a fantasia abre espaço para o espírito satírico, que impregna todo o texto com sua tendência à miscelânea (sabidamente ligada às origens da sátira) como se observa na mistura de chiste com a seriedade romanesca das imagens de pesadelo, na mescla de prosa à poesia, ou na discrepância fantasiosa e paródica da cena do Juízo Universal, quando a perna, tendo se antecipado ao resto do corpo, é moralmente advertida quanto à própria inocência frente às faltas cometidas pelas outras partes que com ela hão de se reunir para o veredicto final.

A visão antecipada de um fim próximo, forçada pela amputação de um dos membros de um corpo ainda vivo, não é decerto sem conseqüências para o espírito: o terror da morte e seus fantasmas, as reflexões que desperta, a meditação sobre o passado ou sobre o destino humano em geral, as dúvidas e perplexidades diante da condenação à finitude, as inquietações com o além, as imagens recorrentes do Juízo Final, tudo isso deriva da mera menção ao assunto e de fato compõe o complexo quadro de referências do poema, para nele receber, entretanto, uma radical simplificação, própria da sátira e do espírito de José Paulo, afeito à perspectiva minimalista. Quer dizer: ao escolher para tratar um tema melindroso, vasto e complexo como o que está em pauta, o poeta vai logo vinculando o grande ao pequeno, trazendo à consideração do leitor uma enorme problemática, presa, contudo, pela perna, pela sua perna.

Ao mesmo tempo íntimo e genérico, o poema choca pelo teor do tema e desconcerta pela desproporção contrastante do que põe em jogo. A ironia, inclusiva, sela os contrastes, articulando os elementos divergentes no interior da unidade. Como isso se dá, é tarefa analítica para realizar aos poucos. Convém começar pelo mais visível.

A desproporção é, com efeito, brutal e poderia por si só inverter a principal direção do assunto, tornando-a tragicômica, mas é de pronto irônica: as eventuais considerações metafísicas começam terra a terra, isto é, pela perna, pela perna que ainda vai faltar. A conformação despretensiosa que assim se imprime à matéria é fundamental do ponto de vista artístico, pois vai permitir lidar com o difícil sem afetação e sem perder a contundência do real, que se apóia no detalhe concreto. É o pequeno que sustenta o grande.

A perspectiva minimalista de José Paulo, seu fino senso irônico das desproporções, a força abreviadora de seu epigrama, tudo isso que o leitor já conhece tão bem, converte uma questão geral em próxima, e a uma só vez faz de um problema pessoal uma questão de todos. É esta a ocasião propícia ao encontro entre a apurada técnica a que chegou e o adensamento de sua experiência pessoal. Estamos no instante em que pode surgir sua melhor poesia, e ela de fato surge.

O primeiro poemeto da série demarca o registro da ironia ao tornar a falta irreparável uma absurda suficiência, pela conhecida arma do chiste:

1.
Pernas
para que vos quero?

Se já não tenho
por que dançar.

Se já não pretendo
ir a parte alguma.

Pernas?
Basta uma.

O chiste, fundado num jogo verbal, se baseia numa frase feita – a locução familiar e gramaticalmente incorreta *Pernas, para que te quero!* –, que se usa ao fugir correndo do perigo iminente, frisando a necessidade das pernas. O caráter alusivo, que logo adquire o emprego da frase corriqueira e de todos conhecida num novo e inesperado contexto, desencadeia o refinado procedimento construtivo da ironia. No poema, a frase vem primeiro corrigida na gramática, com a passagem do pronome singular *te*, mal empregado, ao plural *vos*, mas com irônica elevação do tratamento: *para que vos quero?*. A interrogação final, em lugar da exclamação, indicia o deslocamento do clichê surrado para outro contexto muito diverso, onde o destaque é para a perplexidade do sujeito como parte ativa interessada no objeto pernas. O ponto capital, porém, é que agora se inverte o sentido, e a frase passa a servir para apregoar o oposto do esperado, ou seja, a irônica aceitação de uma perna só, como se o singular bastasse, diante da inutilidade de duas, na condição atual do sujeito que já não precisa delas.

A explicação lingüística não faz jus à graça do chiste, cuja parte mais importante fica ainda na sombra, sob o efeito da ironia. Realmente, é a atual condição do sujeito o lado obscuro e grave, latente sob o brilho verbal do chiste; dela depende a justificativa de aceitação do aparente absurdo de se querer uma perna só, escorada numa estapafúrdia lei de compensações.

O que está latente é nada menos que a alma do poeta, com os complexos sentimentos que decorrem da impossibilidade de se entregar livremente ao movimento – à dança ou à simples locomoção –, o que equivale a uma diminuição física que é de fato uma restrição da vida, obrigada a um forçado e, este, sim, absurdo encolhimento. É esse conteúdo, por assim dizer realista, que está submetido a um tratamento irônico, com uma completa ausência de pose por parte do autor.

O poemeto, que se abre como um diálogo com as pernas, continua como uma fala próxima da prosa, tendendo quase à métrica regular, com versos de quatro ou cinco sílabas nas estrofes centrais mais enfáticas, mas com uma discreta sonoridade (apenas realçada por uma rima consoante entre *alguma* e *uma* com que se fecha sonoramente o texto). As duas pequenas estrofes do meio reiteram, pelo reforço retórico da anáfora, essas obscuras razões de aparente desistência do movimento, deixando entrever, no entanto, o que não se pode dizer senão pelo chiste e a ironia. E então se comprova como a ironia é de fato uma forma do decoro, uma virtude da urbanidade, mas também um modo sutil de descobrimento da alma, no mais íntimo não falável.

A seqüência do poema traz um mergulho profundo nessa interioridade indevassável à clareza da fala comum e vem povoada, em diversas modulações, das imagens de um sonho repleto de ansiedade.

Com efeito, em nítido contraste com o primeiro poemeto, o segundo, mais longo, muito mais instável e visivelmente assimétrico em sua forma exterior, já começa pela afirmação atribulada do movimento que depende das pernas. Em seguida, se concentra num monólogo torturado, opresso pela angústia, carregado daquelas imagens oníricas e fantasmagóricas, indo desembocar, por fim, num diálogo delirante com a imagem obsessiva do *pé morto*, que conduz para dentro da noite:

>   2.
> Desço
>   que   subo
>   desço que
>   subo
>   camas
>   imensas.
>
>   Aonde me levas
>   todas as noites
>   pé morto
>   pé morto?
>
> Corro entre fezes
> de infância, lençóis
> hospitalares, as ruas
> de uma cidade que não dorme
> e onde vozes barrocas
> enchem o ar
> de p
>   a
>   i
>   n
>   a sufocante

> e o amigo sem corpo
> zomba dos amantes
> a rolar na relva.
>
> Por que me deixaste
>   pé morto
>   pé morto
>   a sangrar no meio
> de tão grande sertão?
>
>   não
>   n ã o
>   N Ã O !

É essa talvez a mais penetrante incursão de José Paulo no reino das imagens noturnas, demoníacas e recorrentes, provindas daquele veio subterrâneo, de enfrentamento com o inconsciente, que do Romantismo, por via do Simbolismo e do Surrealismo, acaba por aflorar quando menos se espera entre poetas modernos, por vezes até afastados dessa tradição.

A alma oculta pelo diálogo civilizado e perfeitamente urbano, sob a guarda da ironia e o fulgor do chiste, irrompe de repente desamparada no delírio, perseguida por um roldão de recordações desencontradas e fantasmais: *fezes de infância* se grudam a *lençóis hospitalares*, uma cidade insone se enche de sufocantes vozes barrocas, um amigo incorpóreo cobre de ridículo os jogos de desconhecidos amantes, e tudo culmina na sensação do sacrifício sangrento em meio a um grande sertão feito de solidão e pesadelo, onde o poeta apenas pode repetir, num crescendo, seu derradeiro *Não!*, que de nada vale.

No conjunto, esse torvelinho de fantasmas oníricos desarticula o mundo organizado da Cidade dos homens, introduz a dissolução da noite, gera o caos e rompe a ordem urbana, tudo o que conta para a poesia de José Paulo, cuja ironia é justamente uma projeção da urbanidade.

Aí não há chiste e penetramos num mundo desconexo e infernal de sacrifício e mutilação, onde o *pé morto*, destacado metonimicamente de tudo isso, assoma como um símbolo macabro. Grotescamente separado do corpo, ele reitera, com a ênfase alucinatória de um estribilho sinistro, a antecipação do fim, pela divisão do ser e a desordem da Cidade, levando o homem ao abandono, ao mais completo desamparo, em meio à selvageria do sertão.

O sonho mau é, como se vê, regressivo, uma espécie de imaginária descida aos infernos, ao mundo dos refugos do desejo, impelindo a civilização ao infindo mundo selvagem, aonde o sertão ressurge contraposto à Cidade, como o outro que revém sob o verniz civilizado. Antecipando a morte do corpo, insinua também a morte do mundo humano, sugere a funesta fantasmagoria da destruição da ordem que o trabalho do homem impõe à natureza, ou seja, da construção humana por excelência que é a Cidade, a que está umbilicalmente ligada toda a poesia da civilidade de José Paulo. Visão infernal da noite para a qual conduz o *pé morto* e contra qual de nada vale o apelo do não.

Não é de se estranhar, portanto, que sentimentos extremos de impotência e desamparo – aumentados pelo sertão sem tamanho em que se sente abandonado o poeta –, acompanhem esse momento de antecipação trágica do sacrifício, antevisão do *sparagmos*, quando a dilaceração do corpo já se transfigura terrivelmente em imagens demoníacas da divisão do próprio ser. Elas subvertem a própria ordem dessa poesia, cuja breve forma epigramática se desfaz nas turbulências e contorsões desse poema tortuoso, puxado para baixo no meio do redemoinho, em viagem dissolvente para dentro da noite e do fundo do ser, de onde crescem, em vão – *de profundis clamavi* –, os gritos do sofrimento, do desespero e da negação[19].

> 3.
> Aqui estou,
> Dora, no teu colo,
> nu
> como no princípio
> de tudo.
>
> Me pega
> me embala
> me protege.
>
> Foste sempre minha mãe
> e minha filha
> depois de teres sido
> (desde o princípio
> de tudo) a mulher.

O terceiro poemeto revela ainda o movimento regressivo, mas agora num plano oposto ao anterior e mais precisamente idílico. É de novo uma lírica e comovente entrega do poeta à musa, Dora (cuja entrada na poesia de José Paulo, como ficou dito, evoca o quadro de simplicidade da pastoral neoclássica), equivalendo a uma busca de resgate do mais profun-

---

19. É interessante notar como neste momento tão pessoal e forte da poesia de José Paulo se sente mais uma vez, e ainda aqui sem qualquer desdouro, a presença viva da herança drummondiana e, em ecos mais longínquos, mas também perceptíveis, a de Baudelaire. Por outro lado, são quase ostensivas as referências à imagem do "boi morto" de Bandeira e ao "sertão" de Guimarães Rosa.

do desamparo vivido antes. Depois do percurso tenebroso de descida aos infernos, *regressus ad uterum*.

O contraste faz perceber melhor como as imagens de sonho mau no segmento precedente relembram o esquema arquetípico da aventura romanesca em que o herói batido por um rude golpe se precipita no fundo de um poço infernal; de forma análoga, ele dali agora reascende ao mundo idealizado do idílio em que o espírito se reconforta com o prazer de reencontrar um mundo que corresponde ao desejo.

O idílio, termo que na origem significa, como se sabe, "pequeno quadro", se aparenta ao epigrama e se coaduna com perfeição à simplicidade e à tendência à miniatura da poesia de José Paulo. Nele o poeta pode assumir toda a sua força expressiva propriamente lírica, em contrapartida à sua verve satírica, exprimindo uma conciliação momentânea entre o ideal e o real, quase sempre apartados por aquela distância que marca a ironia.

Aqui o quadro em miniatura vem muito mais realçado pelo contraste com o anterior e se refaz em doçuras e suavidades, como numa cantiga de ninar: o Eu, despojado de tudo e feito de novo criança, se abandona à Mulher que é para ele a Mãe e todas as mulheres, à procura de aconchego e abrigo.

O movimento em busca de proteção é aí tão direto e evidente (quando tantas vezes é um conteúdo latente e disfarçado, só se deixando interpretar por meio da psicanálise), expõe tanto a fraqueza do ser, que comove pela força do desnudamento, sinal da situação extrema vivida pelo poeta.

A nudez, que estava no começo, descobre a iminência do fim, revelando o indivíduo no limiar da entrega total: o ser, no limite da absoluta dissolução do não-ser. O pequenino idílio tem, portanto, valor apocalíptico, de revelação, em contraste e confronto com a divisão demoníaca cujas imagens terríveis são impostas pelo sentimento da mutilação.

Por outro lado, aí se pode observar ainda como a obra de José Paulo realmente se converte, em seu movimento íntimo e aglutinante à medida que progride, numa espécie de mitologia pessoal. Nela, a figura recorrente da amada e musa desempenha um papel decisivo, de algum modo assinalando o princípio da poesia, pontuando-lhe a cada passo o desenvolvimento e acompanhando-a até o fim. A transfiguração de um ser tirado da experiência real se completa nesse movimento interno de incorporação de uma musa inspiradora e protetora constante, a que se confere a força do mito. É essa a força que a poesia sempre sabe reencarnar e fazer de novo valer, quando deseja exprimir os seus próprios fundamentos.

Assim, o momentâneo idílio exprime o reencontro com a Musa, que é também reencontro da poesia consigo mesma, com sua fonte perene, num momento extremo em que o poeta vive a ameaça iminente de destruição.

O quarto poemeto reata o fio das imagens oníricas e demoníacas, acentuando a atmosfera fantástica com um toque surreal, ao introduzir a imagem noturna de um morcego na enfermaria de um hospital e inexplicáveis manchas de sangue por toda a parte, na manhã seguinte:

Dizem que ontem à noite um inexplicável morcego assustou os pacientes da enfermaria geral.

Dizem que hoje de manhã todos os vidros do ambulatório apareceram inexplicavelmente sem tampa, os rolos de gaze todos sujos de vermelho.

Como se vê, o texto tende à prosa narrativa e ao humor negro à maneira de uma historieta insólita sobre um grotesco vampiro hospitalar; podia ter saído de uma página da célebre antologia organizada por André Breton[20]. No conjunto da ode mínima, exerce, porém, uma função de gradação climática e metafórica, preparando as composições restantes, à semelhança do efeito de antecipação do terceiro segmento, que avança pela imagem do *pé morto* rumo à mutilação inapelável.

Chegou a hora
de nos despedirmos
um do outro, minha cara
data vermibus
perna esquerda.
A las doce en punto
de la tarde
vão-nos separar
ad eternitatem.
Pudicamente envolta
num trapo de pano
vão te levar
da sala de cirurgia
para algum outro (cemitério
ou lata de lixo
que importa?) lugar
onde ficarás à espera
a seu tempo e hora
do restante de nós.

---

20. Refiro-me, é claro, à *Anthologie de l'humour noir*, que Breton publicou pela primeira vez em 1939 e depois reeditou diversas vezes com acréscimos. Cf., por exemplo, a edição de Jean-Jacques Pauvert, Paris, 1966.

Esta quinta parte é de novo um diálogo imaginário, mas agora com a perna que vai ser amputada. A matéria realista e o tratamento irônico são retomados na construção do poemeto. Nele também se retorna ao corte epigramático e à veia satírica, voltada para o momento da dilaceração física: cabe à perna a necessária espera até a hora de reunir-se como o restante do corpo.

Há algo de rabelaisiano nesse movimento paródico e grotesco para o baixo corporal, cuja consideração foi imposta ao poeta, pois acaba determinando-lhe o rumo do destino. Na despedida tragicômica de parte de sua carne, repetindo ecos da hora marcada na famosa elegia de Lorca e uma suposta etimologia que se diria verdadeiramente carnavalesca[21], o poeta se prepara com um trocadilho – *minha cara/data vermibus* – para a forçada e eterna separação. Na verdade, o movimento desse chiste paródico da hora fatal parece querer exorcizar pelo riso catártico o horror da amputação, que torna no entanto presente o que se oculta atrás de tudo: o verdadeiro horror da morte. A mutilação efetivamente antecipa na parte o terror do todo.

Ainda em ritmo paródico, mas de sinistra marcha militar, manquitolando a partir do terceiro verso, o sexto poemeto da *ode mínima* reconhece pela cadência batida os dias contados da própria perna. E martela

---

21. Como se sabe, dada a vocação da etimologia para a fantasia, a pretensa origem etimológica do termo *cadáver* estaria na perífrase latina *caro data vermibus*, assim como a de carnaval, na expressão *carne, vale!*, proposta por F. Diez, com um vocativo impossível (o correto seria *caro* e não *carne*) e sem base histórica. Ao poeta não escapou, porém, a ocasião para o chiste, grafou *cara* em lugar de *caro*, destacando carinhosa e ironicamente a perna destinada aos vermes.

sobre o chão contingente de nosso tempo o alto e vasto tema da eternidade, ligado ao motivo central do dia do Juízo, tornado cada vez mais próximo:

      6.
    esquerda direita
    esquerda direita
         direita
         direita

    Nenhuma perna
    é eterna.

O último poemeto, comprido, mas de versos curtos, chega por fim ao motivo bíblico, dantesco e metafísico do Juízo Final. E o faz ainda na forma epigramática do chiste, com inflexão paródica, em relação a esse tema quase sempre tratado em termos religiosos e ora retomado pelo diálogo fantasioso, com força satírica, entre o poeta e sua perna:

      7.
    Longe
    do corpo
    terás
    doravante
    de caminhar sozinha
    até o dia do Juízo.
    Não há
    pressa
    nem o que temer:
    haveremos
    de oportunamente
    te alcançar.

Na pior das hipóteses
se chegares
antes de nós
diante do Juiz
coragem:
não tens culpa
(lembra-te)
de nada.

Os maus passos
quem os deu na vida
foi a arrogância
da cabeça
a afoiteza
das glândulas
a incurável cegueira
do coração.
Os tropeços
deu-os a alma
ignorante dos buracos
da estrada
das armadilhas
do mundo.

Mas não te preocupes
que no instante final
estaremos juntos
prontos para a sentença
seja ela qual for
contra nós
lavrada:
as perplexidades
de ainda outro Lugar
ou a inconcebível
paz
do Nada.

    O fundo moralista da sátira, dimensão sempre atuante na poesia de José Paulo, encontra um campo perfeito na situação fantasiosa aí desenvolvida, oscilante entre o grave e o jocoso. É esse fundo que aflora no irônico aconselhamento dado pelo poeta, ao tirar da perna o peso de qualquer possível erro ao longo da vida – outras partes é que levam a culpa –, e só é posto de lado, quando se chega à consideração final, à dúvida metafísica quanto ao além, suspensa frente ao fiel da balança, entre a imanência e a transcendência de nosso destino.

Bem pensadas as coisas, do lado grave, é esse o momento da síntese do vivido, do resumo de um destino, pela reunião paradoxal de todos os passos, quando precisamente o próprio movimento padece o risco de parar, não só pela perna que falta, mas por defrontar-se com o limite extremo, que é a morte. Chegando ao Julgamento, o poeta, ao reunir-se com a perna, está irremediavelmente exposto em todas as suas fraquezas, nomeadas no relatório das faltas que não cabem à perna.

Com efeito, ao chegarmos, nós leitores, a esse sétimo patamar do Juízo Final, nos damos conta de que a *ode mínima* representa em seu conjunto, pela integração das partes no todo, justo no momento da maior ameaça, que é o momento da mutilação, equivalente à retaliação da carne e do espírito, um resumo verdadeiramente completo e notável do destino do poeta em sua integridade. Ele agora surge por inteiro e inteiramente exposto, com todas as suas fraquezas, dúvidas e temores, diante do fim. Ante a ameaça iminente de destruição, ao prestar contas do passado, o que se organiza é a vida de um homem, dispersa e erradia em seu movimento, mas nesse instante confrontada com a paralisia do fim imposto:

o que se organiza é uma vida em resumo no poema. A poesia é uma ordem no caos de nossos dias, uma tentativa de organizar na forma breve da arte a experiência sem rumo certo. E dá a medida do humano frente ao limite.

O poema sobre a amputação constitui, na verdade, um testemunho da integridade do poeta enquanto ser no mundo. Nisso reside a sua maior ironia, que é um modo de exprimir a pequenez, a fragilidade, mas também a dignidade de sua condição. Dessa integridade faz parte ainda o desejo de saber o que nos espera, para o qual falta resposta.

Desse modo, aí se dá a ver em sua máxima amplitude a busca da poesia toda de José Paulo Paes pelo sentido. A busca a que responde seu cancioneiro como a história de um homem que luta por se exprimir na brevidade do instante, deixando seu testemunho da História. É isso justamente o que imprime sentido a seu destino enquanto homem e poeta. Por fim, de novo e para sempre, o todo no mínimo.

Davi Arrigucci Jr.

POEMAS

DE *O ALUNO* (1947)

CANÇÃO DO AFOGADO

Esta corda de ferro
me aperta a cabeça,
não deixa meus braços
se erguerem no ar.
E o mar me rodeia,
afoga meus olhos.

Maninha me salve
não posso chorar!

Minha mão está presa
na corda de ferro
e os dedos não tocam
a rosa que desce,
que afunda sorrindo
nas águas do mar.

Maninha me salve
não posso nadar!

Algas flutuam
por entre os cabelos,
meus lábios de sangue
palpitam na sombra

e a voz esmagada
não pode fugir.

Maninha me salve
não posso falar!

E a rosa liberta,
a inefável rosa,
vai longe, vai longe.
Um gesto é inútil,
meu grito e meu pranto
inúteis também...

Maninha me salve
que eu vou naufragar!

DRUMMONDIANA

Quando as amantes e o amigo
te transformarem num trapo,
faça um poema,
faça um poema, Joaquim!

BALADA

Folha enrugada,
poeira nos livros.
A pena se arrasta
no esforço inútil
de libertação.
Nenhuma vontade,
nem mesmo desejo
na tarde cinzenta.

A árvore seca
esperando seiva
não tem paisagem.
Na frente é o deserto
coberto de pedras.
Nem sombra de oásis.
Pobre árvore seca
na tarde cinzenta!

Se houvesse um castelo
com torres e dama
de loiros cabelos,
talvez eu fizesse
algum madrigal.

Mas a dama morreu,
os castelos se foram
na tarde cinzenta!

O caminho se alonga
por entre montanhas,
por campos e vales.
Talvez me conduza
ao roteiro perdido
no fundo do mar.
Mas estou tão cansado
na tarde cinzenta!

Não sou lobo da estepe;
amo a todos os homens
e suporto as mulheres.
Contudo não posso
falar com os lábios,
amar com o sexo,
porque sinto a tortura
da tarde cinzenta!

Só me restam os livros.
Vou ficar com eles
esperando que chegue
do fundo da noite,
das sombras do tempo,
oh! imenso mar,
vem me libertar
da tarde cinzenta!

O POETA E SEU MESTRE

Tiro da sua cartola
repleta de astros,
mil sobrenaturais
paisagens de infância.

Sua bengalinha
queima os ditadores,
destrói as muralhas
libertando os anjos.

Calço seu sapato
e eis que percorro
a branca anatomia
de pássaros e flores.

Repito seus gestos
de amor e renúncia,
de música ou luta,
de solidariedade.

Carlitos!

Teu bigode é a ponte
que nos liga ao sonho
e ao jardim tão perto.

MURILIANA

Corto a cidade, as máquinas e o sonho
Do jornaleiro preso no crepúsculo.
Guardo as amadas no bolso do casaco,
Almoço bem pertinho do arco-íris,
Planto violetas na face do operário.
Conversando com anjos e demônios,
É o meu anúncio quem dirige as nuvens.

O ALUNO

São meus todos os versos já cantados:
A flor, a rua, as músicas da infância,
O líquido momento e os azulados
Horizontes perdidos na distância.

Intacto me revejo nos mil lados
De um só poema. Nas lâminas da estância,
Circulam as memórias e a substância
De palavras, de gestos isolados.

São meus também os líricos sapatos
De Rimbaud, e no fundo dos meus atos
Canta a doçura triste de Bandeira.

Drummond me empresta sempre o seu bigode.
Com Neruda, meu pobre verso explode
E as borboletas dançam na algibeira.

DE *CÚMPLICES* (1951)

MADRIGAL

Meu amor é simples, Dora,
Como a água e o pão.

Como o céu refletido
Nas pupilas de um cão.

CANÇÃO SENSATA

Dora, que importa
O juiz que escreve
Exemplos na areia,
Se livres seguimos
O rastro dos faunos,
A voz das sereias?

Dora, que importa
A herança do avô
Sob a pedra, nua,
Se do ar colhemos
Moedas de sol,
Guirlandas de lua?

Dora, que importa
Esse frágil muro
Que defende os cautos,
Se além do pequeno
Há horizontes loucos,
De que somos arautos?

De maior beleza
É, pois, nada prever
E à fina incerteza
De amor ou viagem
Abrir nossa porta.
Dora, isso importa.

PEQUENO RETRATO

Nunca vislumbrei
No momento exíguo,
No dia contigo,
O dia contíguo.

Sempre desprezei
A estrela sinistra,
O falso zodíaco,
A esfera de cristal
E o terceiro aviso
Do galo matinal.

Como submeter
O desejo ao fado,
Se todo prazer
Ri da cautela,
Ri do cuidado,
Que o quer prender?

Vou despreocupado,
Dora, tão despreocupado,
Que nem sei morrer.

POEMA CIRCENSE

Atirei meu coração às areias do circo como se atira ao mar uma âncora aflita. Ninguém bateu palmas. O trapezista sorriu, o leão farejou-me desdenhosamente, o palhaço zombou de minha sombra fatídica.

Só a pequena bailarina compreendeu. Em sua mãos de opala, meu coração refletia as nuvens de outono, os jogos de infância, as vozes populares.

Depois de muitas quedas, aprendi. Sei agora vestir, com razoável destreza, os risos da hiena, a frágil polidez dos elefantes, a elegância marinha dos corcéis.

Todavia, quando as luzes se apagam, readquiro antigos poderes e vôo. Vôo para um mundo sem espelhos falsos, onde o sol devolve a cada coisa a sombra natural e onde não há aplausos, porque tudo é justo, porque tudo é bom.

ODE PACÍFICA

Levei comigo um punhal,
Com mãos firmes, cautelosas,
Como se leva um segredo,
Como se leva uma rosa.

Assim armado, enfrentei
As emboscadas e os crimes.
Nos corredores do ódio,
Combati, gritei, perdi-me.

O punhal me dominava,
Fascinava-me a revolta.
(Vivemos presos à chave
Que em sigilo nos solta.)

Mas um dia uma verdade,
Que nega todo punhal,
Pôs brisas na minha face,
Furtou-me às vozes do mal.

Agora, Dora, a teu lado,
Estou sempre a recompor
Essa verdade tão simples,
De que me torno senhor.

Simples verdade de amor.

EPIGRAMA

Entre sonho e lucidez, as incertezas.
Entre delírio e dever, as tempestades.
Ai, para sempre serei teu prisioneiro
Neste patíbulo amargo de saudades…

DE *NOVAS CARTAS CHILENAS* (1954)

ODE PRÉVIA

História, pastora
Dos alfarrábios.
Meretriz do rei,
Matrona do sábio.

Lépida menina,
Múmia astuciosa,
Miasma de esgoto,
Perfume de rosa.

Banco de escola,
Enfado, surpresa,
Álcool juvenil,
Pão de madureza.

Mármore abstrato
Que o vento, lento, rói.
Calafrio de covarde,
Façanha de herói.

Musa, confusa
Bola de cristal.
Arena de luta
Entre o bem e o mal.

Cálcio de esqueleto,
Pó de livraria,
Bronze mentiroso,
Rima de poesia.

Histriã do rico,
Madrasta do pobre,
Copo de vinagre,
Moeda de cobre.

Estrela da manhã,
Mapa ainda obscuro.
História, mãe e esposa
De todo o futruro.

OS NAVEGANTES

Tenham sanhas, querelas, tempestades,
Os mares nunca dantes navegados.
No rude mais se alimpa e mais se apura
A estirpe dos barões assinalados.

Cante o vento na rede das enxárcias.
Afane-se o marujo na partida.
Impe o velame inquieto, corte a proa
O infinito das águas repetidas.

Ande a estrela cativa do astrolábio.
Mostre a bússola válido caminho.
Nas cartas se escriture todo achado
E fama nos virá em tempo asinho.

Achar é nossa lida mais constante
E lucro nosso empenho mais vezeiro:
Hemos a gula vil do mercador
Num coração febril de marinheiros.

Pene o mouro na gleba, que buscamos
Não colheitas de terra, mas navais.
No comércio marítimo fundamos
Opulência, destino, capitais.

Almejamos Cipangos misteriosas,
Fabulosas Catais, Índias lendárias.
As latitudes são-nos desafio,
Sendo as ondas do mar nossa alimária.

Diga o zarolho, pois, da grã porfia
Da lusitana grei contra o oceano,
Recorde embora o velho do Restelo
Da fama e da ambição o ledo engano.

Um dia, nos brasis de boa aguada,
Havemos nosso ocaso de encontrar
E, algemado à Conquista, há de morrer
Aquele Império que nasceu do mar.

A CARTA

As galas da terra
Vo-las contarei,
Se a tanto engenho
Ou arte me ajudarem,
Senhor meu El-Rei.

Por este mar de longo
Navegamos: lei
É a nossa de servi-lo,
Sem pouso nem repouso,
Senhor meu El-Rei.

Depois da Grã-Canária
E Cabo Verde, olhei
As águas, demandando
Algum sinal de terra,
Senhor meu El-Rei.

Botelho flutuando
E rabos-de-asno achei.
No mastro um furabucho
Fagueiro se assentou,
Senhor meu El-Rei.

Na quarta-feira, alfim,
Vista de terras hei:
Arvoredos, montanha, praia chã.
As âncoras surgimos,
Senhor meu El-Rei.

E logo nos topamos
Com u'a estranha grei:
Pardos, todos nus, sem coisa alguma
Cobrindo-lhes o pêlo,
Senhor meu El-Rei.

Não houve fala deles,
Senão comércio: dei
Barrete e carapuça; mas ganhei
Penas de papagaio,
Senhor meu El-Rei.

A língua se me abrase.
Das donas falarei.
Ai vergonhas tão altas e cerradas,
Tão limpas, tão tosadas,
Senhor meu El-Rei!

Roubando-me a folguedos,
Na missa me ajoelhei,
Que altar bem corregido
Sob esperável armou-se,
Senhor meu El-Rei.

Chantada a cruz de Cristo
No chão, logo atentei
À gente destas partes
Saudar-vos a divisa,
Senhor meu El-Rei.

Tanta inocência prova
O que me afigurei:
Que qualquer cunho neles
Se há de imprimir, querendo
O Senhor meu El-Rei.

De ouro, ferro e prata
Nada vos contarei,
Mas terra em tal maneira
Graciosa, é de valia
Ao Senhor meu El-Rei.

Com que nela, em se plantando,
Tudo dá, concluirei,
E mais me não alongo
Senão para beijar-vos
As mãos, Senhor meu Rei.

A MÃO-DE-OBRA

São bons de porte e finos de feição
E logo sabem o que se lhes ensina,
Mas têm o grave defeito de ser livres.

L'AFFAIRE SARDINHA

O bispo ensinou ao bugre
Que pão não é pão, mas Deus
Presente em eucaristia.

E como um dia faltasse
Pão ao bugre, ele comeu
O bispo, eucaristicamente.

A CRISTANDADE

Padre açúcar,
Que estais no céu
Da monocultura,
Santificado
Seja o nosso lucro,
Venha a nós o vosso reino
De lúbricas mulatas
E lídimas patacas,
Seja feita
A vossa vontade,
Assim na casa-grande
Como na senzala.

O ouro nosso
De cada dia
Nos dai hoje
E perdoai nossas dívidas
Assim como perdoamos
O escravo faltoso
Depois de puni-lo.
Não nos deixeis cair em tentação
De liberalismo,
Mas livrai-nos de todo
Remorso, amém.

PALMARES

I

No alto da serra,
A palmeira ao vento.
Palmeira, mastro
De bandeira, cruz
De madeira, pálio
De fúnebre liteira,
Que negro suado,
Crucificado,
Traído, morto,
Velas ainda?
Não sei, não sabes,
Não sabem. Os ratos
Roem seu livro,
Comem seu queijo
E calam-se, que o tempo
Apaga a mancha
De sangue no tapete
E perdoa o gato
Punitivo. Os ratos
Não clamam, os ratos
Não acusam, os ratos
Escondem
O crime de Palmares.

II

Negra cidade
Da liberdade
Forjada na sombra
Da senzala, no medo
Da floresta, no sal
Do tronco, no verde
Cáustico da cana, nas rodas
Da moenda.
Sonhada no banzo,
Dançada no bumba,
Rezada na macumba.
Negra cidade
Da felicidade,
Onde a chaga se cura,
O grilhão se parte,
O pão se reparte
E o reino de Ogun,
Sangô, Olorun,
Instala-se na terra
E o negro sem dono,
O negro sem feitor,
Semeia seu milho,
Espreme sua cana,
Ensina seu filho
A olhar para o céu
Sem ódio ou temor.
Negra cidade
Dos negros, obstinada
Em sua força de tigre,
Em seu orgulho de puma,
Em sua paz de ovelha.

Negra cidade
Dos negros, castigada
Sobre a pedra rude
E elementar e amarga.
Negra cidade
Do velho enforcado,
Da virgem violada,
Do infante queimado,
De Zumbi traído.
Negra cidade
Dos túmulos, Palmares.

III

Domingos Jorge, velho
Chacal, a barba
Sinistramente grave
E o sangue
Curtindo-lhe o couro
Da alma mercenária.
Domingos Jorge, velho
Verdugo, qual
A tua paga?
Um punhado de ouro?
Um reino de vento?
Um brasão de horror?
Um brasão: abutre
Em campo negro,
Palmeira decepada,
Por timbre, negro esquife.
Domingos Jorge Velho,
Teu nome guardou-o
A memória dos justos.

Um dia, em Palmares,
No mesmo chão do crime,
Terás teu mausoléu:
Lápide enterrada
Na areia e, sobre ela,
A urina dos cães,
O vômito dos corvos
E o desprezo eterno.

A FUGA

Tendo a espada renegada
De Napoleão, sem medir
O desmedido da afronta,
Picado nossos fundilhos,
Houvemos por bem partir.

Houvemos e nos partimos,
Erário, Corte e monarca,
Deixando o povo no cais.
Não há lugar para o povo
Nas galeotas reais.

Fizemos longa viagem
Sobre mar tempestuoso,
Topando muitos escolhos.
As damas da comitiva
Sofreram muitos piolhos.

Arribamos finalmente
A porto certo e destino,
As gentes se jubilando
Desta Colônia, em que temos
Firme assento e inteiro mando.

Houve folgança nas ruas,
Minueto no palácio,
Salvas, missas, bandeirolas.
Com rara munificência
Distribuíram-se esmolas.

Sendo nossa volta ao Reino
Coisa do arbítrio divino,
Houvemos então por bem
Fundar aqui paço digno
De tão subido inquilino.

Abrimos os portos à
Mercancia universal,
Que a ceifa de impostos cobre
E paga o luxo devido
Ao nosso fausto de nobres.

(Posto que muitos barões
E inumeráveis viscondes
Devorem todo o orçamento
Haveis de convir que são
Fonte de extremo ornamento!)

Por esses ralos cruzados
Que vos custamos, ganhais
Benefícios de tal monta,
Que fora empresa afanosa
Deles prestar boa conta.

Ganhais bancos, onde a renda,
Biblicamente avisada,
Se cresce e se multiplica.
E liceus de sapiência
Onde a mente frutifica.

E mais: doutores, legistas
E mestres de muito ofício.
E o áureo clarim da imprensa,
Cujo som, de forte e grave,
Não há mordaça que trave.

A estrela da liberdade
Ao cabo tendes na mão.
Lembrai-vos, pois, deste rei
Gordo, pávido, risonho,
Que fugiu de Napoleão.

CEM ANOS DEPOIS

Vamos passear na floresta
Enquanto D. Pedro não vem.
D. Pedro é um rei filósofo,
Que não faz mal a ninguém.

Vamos sair a cavalo,
Pacíficos, desarmados:
A ordem acima de tudo,
Como convém a um soldado.

Vamos fazer a República,
Sem barulho, sem litígio,
Sem nenhuma guilhotina,
Sem qualquer barrete frígio.

Vamos com farda de gala,
Proclamar os tempos novos,
Mas cautelosos, furtivos,
Para não acordar o povo.

PORQUE ME UFANO

A caravela sem vela, testemunho
De antigos navegantes, ora entregues
Ao comércio de secos e molhados.

O cadáver do bugre, embalsamado
Em trecho d'ópera e tropo de retórica,
Amainado o interesse antropológico.

O escravo das senzalas na favela
Batucante, pitoresca, sonorosa,
A musa castroalvina estando morta.

Os mamelucos malucos alistados
Na milícia das fardas amarelas,
Para exemplo dos frágeis Fabianos.

As sotainas jesuítas no cabide,
Cativado o gentio e pleno o cofre
Encourado da santa companhia.

As monjas de Gregório, tão faceiras,
Compelidas ao mister destemeroso
De lecionar burguesas donzelonas.

Ouvidores gerais, enfarpelados
Outrora nas marlotas doutorais,
Ora arbitrando ruidosos ludopédios.

Os bandeirantes heris, continuados
Em capitães de indústria, preterindo
O sertanismo pela mais-valia.

Os bacharéis, cabeça de papel,
Rabo de palha, talim de mosqueteiro,
Salvando a pátria amada sem cobrar.

Os flibusteiros na costa, em diuturna
Vigília à costumeira florescência
Dos capitais plantados no ultramar.

Os fidalgos de prol, ensolarados,
Com chancelada carta de brasão,
Modorrando entre opulentos cafezais.

Literatos de truz, já vacinados
Contra a febre do vil engajamento,
À fenestra das torres-de-marfim.

Os líricos donzéis, atribulados
Por demos gideanos, descobrindo
As primeiras delícias de Sodoma.

Os camareiros eleitos, no timão
Da barca da República, cuidosos
À bússola de vários argentários.

Mas, sal da terra, reverso da medalha,
Balaiadas, Praieiras, Sabinadas,
Palmares, Itambés, Inconfidências.

Tudo ajuizado em boa aferição,
O fruto podre, a rosa ainda em botão,
O sol do grão, a esperança da raiz,

Sob o signo do Cruzeiro insubornável,
Tendo em conta passados e futuros,
Sempre me ufano deste meu país.

DE *EPIGRAMAS* (1958)

POÉTICA

Não sei palavras dúbias. Meu sermão
Chama ao lobo verdugo e ao cordeiro irmão.

Com duas mãos fraternas, cumplicio
A ilha prometida à proa do navio.

A posse é-me aventura sem sentido.
Só compreendo o pão se dividido.

Não brinco de juiz, não me disfarço em réu.
Aceito meu inferno, mas falo do meu céu.

A EDGAR ALLAN POE

Fecha-se um homem no quarto
E esquece a janela aberta.
Pela janela entra um corvo.
O homem se desconcerta.

Desconcertado, invectiva-o
De anjo, demônio, adivinho.
Pede-lhe mágicas, mapas,
Soluções, chaves, caminhos.

Mas, ave de curto vôo,
O corvo sorri de pena.
Murmura vagas palavras.
Não absolve, não condena.

Cala-se o homem, frustrado,
(O egocentrismo desgosta)
E, a contragosto, percebe
Que o eco não é resposta.

BUCÓLICA

O camponês sem terra
Detém a charrua
E pensa em colheitas
Que nunca serão suas.

IL POVERELLO

Desgrenhado e meigo, andava na floresta.
Os pássaros dormiam em seus cabelos.
As feras o seguiam mansamente.
Os peixes bebiam-lhe as palavras.

Dentro dele todo o caos se resolvera
Numa ingênua certeza: – "Preguei a paz,
Mostrei o erro, domei a força, curei o mal.
Antes de mim, o crime. Depois de mim, o amor."

Mas a floresta esqueceu, no outro dia,
O bíblico sermão e, novamente,
O lobo comeu a ovelha, a águia comeu a pomba,
Como se nunca houvera santos nem sermões.

BALADILHA

Morre o boi
Quando chega ao fim
A paciência bovina
De mascar capim,
De puxar o carro,
De servir ao homem
Que o mata e come.

Morre o cão
No meio da rua
Sob a luz da lua
A que tanto uivou.
Guardou fielmente
O celeiro do homem,
Mas morreu de fome.

Morre o pássaro
Dentro da gaiola
Quando é noite e o canto
Já não o consola.
Pela última vez
Canta para o homem
Que, embora livre, dorme.

Envoy:

Homem, não sejas
Pássaro nostálgico,
Cão ou boi servil.
Levanta o fuzil
Contra o outro homem
Que te quer escravo.
Só depois disso morre.

IVAN ILITCH, 1958

Trrrim, bocejo,
Roupão, chinelos,
Gilete, escova,
Água, sabão,
Café com pão,
Chapéu, gravata,
Beijo, automóvel,
Adeus, adeus.

Gente, trânsito,
Sol, bom-dia,
Escritório,
Relatório,
Telefones,
Almoço, arroto,
Contas, desgosto,
Adeus, adeus.

Clube, vento,
Grama, tênis,
Ducha, alento,
Bar, escândalos,
Pedro, Paulo,
Mulher de Pedro,
Mulher de Paulo,
Adeus, adeus.

Lar, esposa,
Filhos, pijama,
Janta, living,
Jornal, cismares,
Tricô, vagares,
Hiato, ausências,
Bocejo, escada,
Adeus, adeus.

Quarto, cama,
Glândulas, êxtase,
Dois em um,
Dois em nada,
Dever cumprido,
Luz apagada,
Adeus, adeus.

Horas, dias,
Meses, anos,
Cãs, enganos,
Desenganos,
Vácuo, náusea,
Indiferença,
Cipreste, olvido,
Há Deus? adeus.

A CLAUSEWITZ

O marechal de campo
Sonha um universo
Sem paz nem hemorróidas.

DE *ANATOMIAS* (1967)

EPITÁFIO PARA UM BANQUEIRO

```
n e g ó c i o
  e g o
      ó c i o
        c i o
          0
```

DE SENECTUTE

já antecipa a língua
afeita à alegoria
na carne da vida
o verme da agonia

já tritura o olho
no gral da apatia
o carvão da noite
a brasa do dia

já se junta um pé
a outro em simetria
de viagem além
da cronologia

já por metafísico
o medo anuncia
sua máquina de espantos
à alma vazia

TROVA DO POETA DE VANGUARDA
OU
THE MEDIUM IS THE MASSAGE

se me decifrarem
recifro
se me desrecifrarem
rerrecifro

se me desrrerrecifrarem
então
meus correrrerrecifradores
serão

EPITALÂMIO

uva
pensa da
concha oclusa
entre coxas abruptas

teu
vinho sabe
à tinta espessa
de polvos noturnos

(falo
da noite
primeva nas águas
do amor da morte)

OCIDENTAL

    a missa
    a miss
    o míssil

A MAIACÓVSKI

uns te preferem suicida

eu te quero pela vida
que celebraste na flauta
de uma vértebra patética
molhada no sangue rubro
de um crepúsculo de outubro

À MODA DA CASA

feijoada
marmelada
goleada
quartelada

O POETA AO ESPELHO, BARBEANDO-SE

o rito
do dia
o rictus
do dia
o risco
do dia

EU?
UE?

olho
por olho
dente
por dente
ruga
por ruga

EU?
UE?

o fio
da barba
o fio da navalha
a vida
por um fio

EU?
UE?

mas a barba
feita
a máscara
refeita
mais um dia
aceita

EU
EU

ANATOMIA DA MUSA

capitis diminutio:
area non aedificandi

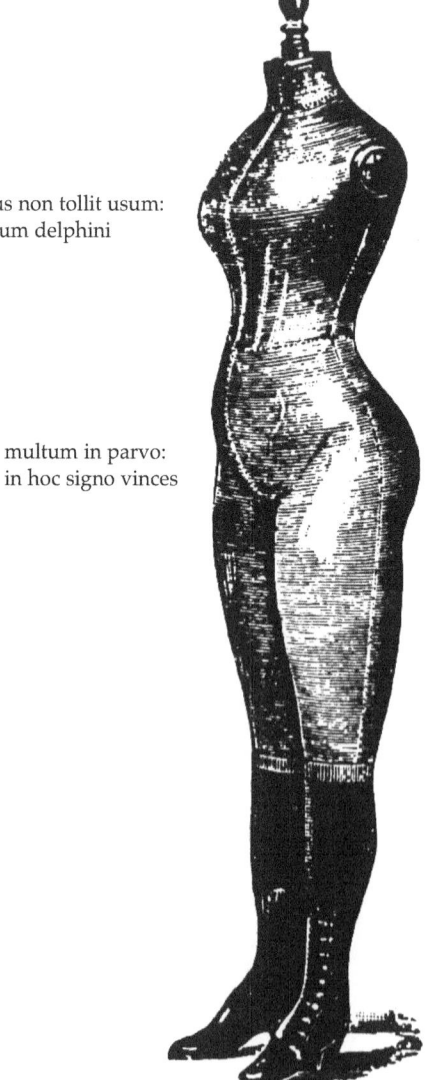

abusus non tollit usum:
ad usum delphini

multum in parvo:
in hoc signo vinces

mutatis mutandis:
modus in rebus!

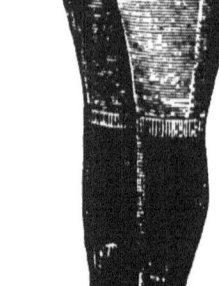

all rights reserved

O SUICIDA OU DESCARTES ÀS AVESSAS

     cogito

              ergo

  pum!

DE *MEIA PALAVRA* (1973)

**LIBERDADE
INTERDITADA**

→

DETRAN

**PARAISO
V. MARIANA**

CANÇÃO DE EXÍLIO FACILITADA

lá?
ah!

sabiá...
papá...
maná...
sofá...
sinhá...

cá?
bah!

SEU METALÉXICO

economiopia
desenvolvimentir
utopiada
consumidoidos
patriotários
suicidadãos

ARS AMANDI

amar
amar
amar

qual ama

o nascituro a mama
o incendiário a chama
o opilado a lama

MINICANTIGA D'AMIGO

coyta

coyto

AUTO-ESCOLA VÊNUS

contato

para trás
(devagar)
para frente
(devagar)
para trás
(ACELERE)
para frente
(ACELERE)

pode desligar

LIÇÃO DE CASA SOBRE UM TEMA DE APOLLINAIRE

la vulverrose je t'le rappele
quoique royale n'est pas la seule
fleur possible à ton jardin ma belle

ENTROPIA

L' amor che move il sole e l'altre stelle

não que a chama não
queime a luz perdesse
razão de iluminar

não que a boca não
morda ao fruto falte
o bíblico sabor

mas e a crescente
sensação de morno?
o ver sem ver? um fel

vagomelancólico
a perturbar agora
a digestão de adão?

SALDO

a torneira seca
(mas pior: a falta
de sede)

a luz apagada
(mas pior: o gosto
do escuro)

a porta fechada
(mas pior: a chave
por dentro)

DECLARAÇÃO DE BENS

meu deus
minha pátria
minha família

minha casa
meu clube
meu carro

minha mulher
minha escova de dentes
meus calos

minha vida
meu câncer
meus vermes

ANTITURÍSTICA

viagem: sem olhos
por cima do ombro

miragem nenhuma
nenhum escombro

na mala (vala
incomum) só um

bem: o sem
o nem o nada

viagem: o nunca
mapa a sempre estrada

TERMO DE RESPONSABILIDADE

mais nada
a dizer: só o vício
de roer os ossos
do ofício

já nenhum estandarte
à mão
enfim a tripa feita
coração

silêncio
por dentro sol de graça
o resto literatura
às traças!

DE *RESÍDUO* (1980)

EPITÁFIO PARA RUI

… e tenho dito
bravos!
(mas o que foi mesmo que ele disse?)

UM SONHO AMERICANO

CIA limitada

LES MAINS SALES

mãos à obra!

NEOPAULÍSTICA

pelo mesmo tietê
onde outrora viajavam
bandeirantes heris

só viajam agora
os dejetos: bandeira
de seus filhos fabris

BRECHT REVISITADO

partido: o que partiu
rumo ao futuro
mas no caminho esqueceu
a razão da partida

(só perdemos
a viagem camaradas
não a estrada
nem a vida)

HINO AO SONO

sem a pequena morte
de toda noite
como sobreviver à vida
de cada dia?

DO NOVÍSSIMO TESTAMENTO

e levaram-no maniatado

e despindo-o o cobriram com uma capa de escarlata

e tecendo uma coroa d'espinhos puseram-lha na cabeça e em sua mão direita uma cana e ajoelhando diante dele o escarneciam

e cuspindo nele tiraram-lhe a cana e batiam-lhe com ela na cabeça

e depois de o haverem escarnecido tiraram-lhe a capa vestiram-lhe os seus vestidos e o levaram a crucificar

o secretário da segurança admitiu os excessos dos policiais e afirmou que já mandara abrir inquérito para punir os responsáveis

GRAFITO

neste lugar solitário
o homem toda manhã
tem o porte estatuário
de um pensador de rodin

neste lugar solitário
extravasa sem sursis
como num confessionário
o mais íntimo de si

neste lugar solitário
arúspice desentranha
o aflito vocabulário
de suas próprias entranhas

neste lugar solitário
faz a conta mais doída:
em lançamentos diários
a soma de sua vida

DE *CALENDÁRIO PERPLEXO* (1983)

1º de janeiro

BRINDE

ano novo: vida
nova
dívidas novas
dúvidas novas

ab ovo outra
vez: do revés
ao talvez (ou
ao tanto faz como fez)

hora zero: soma
do velho?
idade do novo?
o nada: um ovo

salve(-se) o ano novo!

31º de março / 1º de abril

DÚVIDA REVOLUCIONÁRIA

ontem foi hoje?
ou hoje é que é ontem?

19 de abril

DIA DO ÍNDIO

o dia dos que têm
os seus dias contados

1º de maio

ETIMOLOGIA

no suor do rosto
o gosto
do nosso pão diário

sal: salário

12 de junho, dia dos namorados

A VERDADEIRA FESTA

mas pra que fogueira
rojão
quentão?

basta o fogo nas veias
e a escuridão
coração

15 de novembro

A MARCHA DAS UTOPIAS

não era esta a independência que eu sonhava

não era esta a república que eu sonhava

não era este o socialismo que eu sonhava

não era este o apocalipse que eu sonhava

DE *A POESIA ESTÁ MORTA MAS JURO QUE NÃO FUI EU* (1988)

ACIMA DE QUALQUER SUSPEITA

a poesia está morta

mas juro que não fui eu

eu até que tentei fazer o melhor que podia para salvá-la

imitei diligentemente augusto dos anjos paulo torres carlos drummond de andrade manuel bandeira murilo mendes vladimir maiakóvski joão cabral de melo neto paul éluard oswald de andrade guillaume apolinaire sosígenes costa bertolt brecht augusto de campos

não adiantou nada

em desespero de causa cheguei a imitar um certo (ou incerto) josé paulo paes poeta de ribeirãozinho estrada de ferro araraquarense

porém ribeirãozinho mudou de nome a estrada de ferro araraquarense foi extinta e josé paulo paes parece nunca ter existido

nem eu

POÉTICA

conciso?   com siso
prolixo?   pro lixo

FÊTES GALANTES

um dia é da calça
o outro do caçador

TAQUARITINGA

cidade:
nas ruas em pé
eternas namoradas
me espreitam

eu é que não posso vê-las

cidade:
no jardim a fonte
insiste em jorrar
suas águas luminosas

só que me falta a sede

cidade:
agora nem as pedras
me conhecem

CURITIBA

o interventor do estado
era um pinheiro inabalável

inabaláveis pinheiros igualmente
o secretário da segurança pública
o presidente da academia de letras
o dono do jornal
o bispo o arcebispo o magnífico reitor

ah se naqueles tempos
a gente tivesse
(armando glauco dalton)
um bom machado!

LISBOA: AVENTURAS

tomei um expresso
        cheguei de foguete
subi num bonde
        desci de um elétrico
pedi cafezinho
        serviram-me uma bica
quis comprar meias
        só vendiam peúgas
fui dar à descarga
        disparei um autoclisma
gritei "ó cara!"
        responderam-me "ó pá!"

        positivamente
as aves que aqui gorjeiam não gorjeiam como lá

PISA: A TORRE

em vão te inclinas pedagogicamente

o mundo jamais compreenderá a obliqüidade dos
  bêbados ou o mergulho dos suicidas

FLORENÇA: ANTEDILUVIANA

se um dilúvio levasse tudo menos esta
galleria degli uffizi
seria muito fácil reconstruir o mundo:
não como era
mas como deveria ter sido

DUAS ELEGIAS BIBLIOGRÁFICAS

A Oswald de Andrade

agora
por dá cá aquela palha
muitos invocam o teu nome
em vão

sem nenhum amor
e
o que é pior:
sem nenhum humor

A. J. P. Sartre

morto
sem filho nem
árvore

livros só

enfim
a existência
feita essência:

pó

EPITÁFIO PARA UM SOCIÓLOGO

deus tem agora
um sério concorrente

DE *PROSAS SEGUIDAS DE ODES MÍNIMAS* (1992)

ESCOLHA DE TÚMULO

*Mais bien je veux qu'un arbre
m'ombrage au lieu d'un marbre*

Ronsard

Onde os cavalos do sono
batem cascos matinais.

Onde o mundo se entreabre
em casa, pomar e galo.

Onde ao espelho duplicam-se
as anêmonas do pranto.

Onde um lúcido menino
propõe uma nova infância.

Ali repousa o poeta.

Ali um vôo termina,
outro vôo se inicia.

NOTURNO

O apito do trem perfura a noite.
As paredes do quarto se encolhem.
O mundo fica mais vasto.

Tantos livros para ler
tantas ruas por andar
tantas mulheres a possuir...

Quando chega a madrugada
o adolescente adormece por fim
certo de que o dia vai nascer especialmente para ele.

CANÇÃO DE EXÍLIO

Um dia segui viagem
sem olhar sobre o meu ombro.

Não vi terras de passagem
Não vi glórias nem escombros.

Guardei no fundo da mala
um raminho de alecrim.

Apaguei a luz da sala
que ainda brilhava por mim.

Fechei a porta da rua
a chave joguei ao mar.

Andei tanto nesta rua
que já não sei mais voltar.

UM RETRATO

Eu mal o conheci
quando era vivo.
Mas o que sabe
um homem de outro homem?

Houve sempre entre nós certa distância,
um pouco maior que a desta mesa onde escrevo
até esse retrato na parede
de onde ele me olha o tempo todo. Para quê?

Não são muitas as lembranças
que dele guardo: a aspereza
da barba no seu rosto quando eu o beijava
ao chegar para as férias;
o cheiro de tabaco em suas roupas;
o perfil mais duro do queixo
quando estava preocupado;
o riso reprimido
até soltar-se (alívio!)
na risada.

Falava pouco comigo.
Estava sempre
noutra parte: ou trabalhando
ou lendo ou conversando
com alguém ou então saindo
(tantas vezes!) de viagem.

Só quando adoeceu e o fui buscar
em casa alheia
e o trouxe para a minha casa (que infinitos
os cuidados de Dora com ele!)
estivemos juntos por mais tempo.
Mesmo então dele eu só conheci
a luta pertinaz
contra a dor, o desconforto,
a inutilidade forçada, os negaceios
da morte já bem próxima.

Até o dia em que tive de ajudar
a descer-lhe o caixão à sepultura.
Aí então eu o soube mais que ausência.
Senti com minhas próprias mãos o peso
do seu corpo, que era o peso
imenso do mundo.
Então o conheci. E conheci-me.

Ergo os olhos para ele na parede.
Sei agora, pai,
o que é estar vivo.

OUTRO RETRATO

O laço de fita
que prende os cabelos
da moça no retrato
mais parece uma borboleta.

Um ventinho qualquer
e sai voando
rumo a outra vida
além do retrato.

Uma vida onde os maridos
nunca chegam tarde
com um gosto amargo
na boca.

Onde não há cozinhas
pratos por lavar
vigílias, fraldas sujas
coqueluches, sarampos.

Onde os filhos não vão
um dia estudar fora
e acabam se casando
e esquecem de escrever.

Onde não sobram contas
a pagar nem dentes
postiços nem cabelos
brancos nem muito menos rugas.

Um ventinho qualquer...
O laço de fita
prende sempre – coitada! –
os cabelos da moça.

A CASA

Vendam logo esta casa, ela está cheia de fantasmas.

Na livraria, há um avô que faz cartões de boas-festas com corações de purpurina.
Na tipografia, um tio que imprime avisos fúnebres e programas de circo.
Na sala de visitas, um pai que lê romances policiais até o fim dos tempos.
No quarto, uma mãe que está sempre parindo a última filha.
Na sala de jantar, uma tia que lustra cuidadosamente o seu próprio caixão.
Na copa, uma prima que passa a ferro todas as mortalhas da família.
Na cozinha, uma avó que conta noite e dia histórias do outro mundo.
No quintal, um preto velho que morreu na Guerra do Paraguai rachando lenha.
E no telhado um menino medroso que espia todos eles; só que está vivo: trouxe-o até ali o pássaro dos sonhos.
Deixem o menino dormir, mas vendam a casa, vendam-na depressa.

Antes que ele acorde e se descubra também morto.

INICIAÇÃO

Com os olhos tapados pelas minhas mãos, os dois seios de A. tremiam no antegozo e no horror da morte consentida.

De ventosas aferradas à popa transatlântica de B., eu conheci a fúria das borrascas e a combustão dos sóis.

Pelas coxas de C. tive ingresso à imêmore caverna onde o meu desejo ficou preso para sempre nas sombras da parede e no latejar do sangue, realidade última que cega e que ensurdece.

NANA PARA GLAURA

Dorme como quem
porque nunca nascida
dormisse no hiato
entre a morte e a vida.

Dorme como quem
nem os olhos abrisse
por saber desde sempre
quanto o mundo é triste.

Dorme como quem
cedo achasse abrigo
que nos meus desabrigos
dormirei contigo.

BALANCETE

A esperança: flor
seca mas (acaso
ou precaução?) guardada
entre as páginas de um livro.

A incerteza: frio
de faca cortando
em porções cada vez menores
a laranja dos dias.

O amor: latejo
de artéria entupida
por onde o sangue se obstina
em fluir.

A morte: esquina
ainda por virar
quando já estava quase esquecido
o gosto de virá-las.

REENCONTRO

Ontem, treze anos depois da sua morte, voltei a me encontrar com Osman Lins.

O encontro foi no porão de um antigo convento, sob cujo teto baixo ele encenava a primeira peça do seu Teatro do Infinito.

A peça, *Vitória da dignidade sobre a violência,* não tinha palavras: ele já não precisava delas.

Tampouco disse coisa alguma quando o fui cumprimentar. Mas o seu sorriso era tão luminoso que eu acordei.

BALADA DO BELAS-ARTES

Sobre o mármore das mesas
do Café Belas-Artes
os problemas se resolviam
como em passe de mágica.

Não que as leis do real
se abolissem de todo
mas ali dentro Curitiba
era quase Paris:

O verso vinha fácil
o conto tinha graça
a música se compunha
o quadro se pintava.

Doía muito menos
a dor-de-cotovelo,
nem chegava a incomodar
a falta de dinheiro.

Para o sedento havia
um copo de água fresca,
média pão e manteiga
consolavam o faminto.

Não se desfazia nunca
a roda de amigos;
o tempo congelara-se
no seu melhor minuto.

Um dia foi fechado
o Café Belas-Artes
e os amigos não acharam
outro lugar de encontro.

Talvez porque já não tivessem
(adeus Paris adeus)
mais razões de encontrar-se
mais nada a se dizer.

À MINHA PERNA ESQUERDA

1

Pernas
para que vos quero?

Se já não tenho
por que dançar.

Se já não pretendo
ir a parte alguma.

Pernas?
Basta uma.

2

Desço
    que   subo
      desço   que
        subo
        camas
        imensas.

Aonde me levas
todas as noites
    pé morto
    pé morto?

Corro, entre fezes
de infância, lençóis
hospitalares, as ruas
de uma cidade que não dorme
e onde vozes barrocas
enchem o ar
de p
   a
   i
   n
   a sufocante
e o amigo sem corpo
zomba dos amantes
a rolar na relva.

        Por que me deixaste
                pé morto
                pé morto
        a sangrar no meio
        de tão grande sertão?

                não
                n ã o
                N Ã O !

        3

Aqui estou,
Dora, no teu colo,
nu
como no princípio
de tudo.

Me pega
me embala
me protege.

Foste sempre minha mãe
e minha filha
depois de teres sido
(desde o princípio
de tudo) a mulher.

4

Dizem que ontem à noite um inexplicável morcego assustou os pacientes da enfermaria geral.

Dizem que hoje de manhã todos os vidros do ambulatório apareceram inexplicavelmente sem tampa, os rolos de gaze todos sujos de vermelho.

5

Chegou a hora
de nos depedirmos
um do outro, minha cara
data vermibus
perna esquerda.
A las doce en punto
de la tarde
vão-nos separar
ad eternitatem.
Pudicamente envolta
num trapo de pano
vão te levar
da sala de cirurgia
para algum outro (cemitério
ou lata de lixo
que importa?) lugar

onde ficarás à espera
a seu tempo e hora
do restante de nós.

6

  esquerda   direita
  esquerda   direita
                  direita
                  direita

Nenhuma perna
é eterna.

7

Longe
do corpo
terás
doravante
de caminhar sozinha
até o dia do Juízo.
Não há
pressa
nem o que temer:
haveremos
de oportunamente
te alcançar.

Na pior das hipótese
se chegares
antes de nós
diante do Juiz

coragem:
não tens culpa
(lembra-te)
de nada.

Os maus passos
quem os deu na vida
foi a arrogância
da cabeça
a afoiteza
das glândulas
a incurável cegueira
do coração.
Os tropeços
deu-os a alma
ignorante dos buracos
da estrada
das armadilhas
do mundo.

Mas não te preocupes
que no instante final
estaremos juntos
prontos para a sentença
seja ela qual for
contra nós
lavrada:
as perplexidades
de ainda outro Lugar
ou a inconcebível
paz
do Nada.

À BENGALA

Contigo me faço
pastor do rebanho
de meus próprios passos.

AOS ÓCULOS

Só fingem que põem
o mundo ao alcance
dos meus olhos míopes.

Na verdade me exilam
dele com filtrar-lhe
a menor imagem.

Já não vejo as coisas
como são: vejo-as como eles querem
que as veja.

Logo, são eles que vêem,
não eu que, mesmo cônscio
do logro, lhes sou grato

por anteciparem em mim
o Édipo curioso
de suas próprias trevas.

À TINTA DE ESCREVER

Ao teu azul fidalgo mortifica
registrar a notícia, escrever
o bilhete, assinar a promissória
esses filhos do momento. Sonhas

mais duradouro o pergaminho
onde pudesses, arte longa em vida breve
inscrever, vitríolo o epigrama, lágrima
a elegia, bronze a epopéia.

Mas já que o duradouro de hoje nem
espera a tinta do jornal secar,
firma, azul, a tua promissória
ao minuto e adeus que agora é tudo História.

AO SHOPPING CENTER

Pelos teus círculos
vagamos sem rumo
nós almas penadas
do mundo do consumo.

De elevador ao céu
pela escada ao inferno:
os extremos se tocam
no castigo eterno.

Cada loja é um novo
prego em nossa cruz.
Por mais que compremos
estamos sempre nus

nós que por teus círculos
vagamos sem perdão
à espera (até quando?)
da Grande Liquidação.

AO ESPELHO

O que mais me aproveita
em nosso tão freqüente
comércio é a tua
pedagogia de avessos.
Fazem-se em nós defeitos
as virtudes que ensinas:
o brilho de superfície
a profundidade mentirosa
o existir apenas
no reflexo alheio.
No entanto, sem ti
sequer nos saberíamos
o outro de um outro
outro por sua vez
de algum outro, em infinito
corredor de espelhos.
Isso até o último
vazio de toda imagem
espelho de um si mesmo
anterior, posterior
a tudo, isto é, a nada.

AO ALFINETE

A tua cabeça
é um infinito às avessas.
Com tua ponta aprende
a língua mais perversa.

Piedosamente escondes
obscenos rasgões.
Com prender o molde ao pano
uma roupa lhe impões.

No idioma da ambição
só ao módico dás nome:
"Algum para os alfinetes"
pede a mulher ao homem.

Mas se cais ao chão ninguém
se rebaixa em colher-te.
Com um muxoxo de desdém
diz: "É um simples alfinete".

A UM RECÉM-NASCIDO

para José Paulo Naves

Que bichinho é este
tão tenro
tão frágil
que mal agüenta o peso
do seu próprio nome?

– É o filho do homem.

Que bichinho é este
expulso de um mar
tranqüilo, todo seu
que veio ter à praia
do que der e vier?

– É o filho da mulher.

Que bichinho é este
de boca tão pequena
que num instante passa
do sorriso ao bocejo
e dele ao berro enorme?

– É o filho da fome.

Que bichinho é este
que por milagre cessa
o choro assim que pode
mamar numa teta
túrgida, madura?

– É o filho da fartura.

Que bichinho é este
cujos pés, na pressa
de seguir caminho
não param de agitar-se
sequer por um segundo?

– É o filho do mundo.

Que bichinho é este
que estende os braços curtos
como se tivesse
já ao alcance da mão
algum dos sonhos seus?

– É um filho de Deus.

DE *A MEU ESMO* (1995)

REVISITAÇÃO

Cidade, por que me persegues?

Com os dedos sangrando
já não cavei em teu chão
os sete palmos regulamentares
para enterrar meus mortos?
Não ficamos quites desde então?

Por que insistes
em acender toda noite
as luzes de tuas vitrinas
com as mercadorias do sonho
a tão bom preço?

Não é mais tempo de comprar.
Logo será tempo de viajar
para não se sabe onde.
Sabe-se apenas que é preciso ir
de mãos vazias.

Em vão alongas tuas ruas
Como nos dias de infância,
com a feérica promessa
de uma aventura a cada esquina.
Já não as tive todas?

Em vão os conhecidos me saúdam
do outro lado do vidro,
desse umbral onde a voz
se detém interdita
entre o que é e o que foi.

Cidade, por que me persegues?
Ainda que eu pegasse
o mesmo velho trem,
ele não me levaria
a ti, que não és mais.

As cidades, sabemos,
são no tempo, não no espaço,
e delas nos perdemos
a cada longo esquecimento
de nós mesmos.

Se já não és e nem eu posso
ser mais em ti, então que ao menos
através do vidro
através do sonho
um menino e sua cidade saibam-se afinal

intemporais, absolutos.

FOLHA CORRIDA

Vão-se as amadas
              despetaladas
                            no turbilhão
e o ex-adolescente
              conta ao espelho
                            as primeiras rugas.

CENTAURA

A moça de bicicleta
parece estar correndo
sobre um chão de nuvens.

A mecânica ardilosa
dos pedais multiplica
suas pernas de bronze.

O guidão lhe reúne
num só gesto redondo
quatro braços.

O selim trava com ela
um íntimo diálogo
de côncavos e convexos.

Em revide aos dois seios
em riste, o vento desfaz
os cabelos da moça

numa esteira de barco
– um barco chamado
Desejo onde, passageiros

de impossível viagem,
vão todos os olhos
das ruas por que passa.

PÓS-EPITALÂMIO

many many gloves

**um dia você faz sol
no outro dia você chove**

many many gloves

**hoje você me irrita
amanhã você me comove**

many many gloves

**uma prova dos nove?
or just love? love**

with its many many gloves?

ORFEU

O jabuti perdeu a companheira por causa de um ovo atravessado que nem o veterinário conseguiu tirar.

Durante meses, ficou a percorrer aflito o jardim, de cá para lá, de lá para cá, procurando-a.

Nas épocas de cio, soltava, angustiado e cavo, o seu chamado de amor.

À falta de resultados concretos, acabou por finalmente desistir da busca.

Voltou a andar no passo habitual e a ficar, como antes, longas horas imóvel aquentando sol.

Isso até o dia em que deixaram encostado ao muro do fundo do quintal um velho espelho.

Assim que topou com ele, estacou e se pôs a balançar a cabeça de um para outro lado no esforço de reconhecimento.

Quando julgou distinguir ali a companheira, soltou, mais angustiado e cavo do que nunca, seu chamado de amor.

Repetiu-o o dia inteiro diante do vidro impassível. Porém ela continuou para todo o sempre prisioneira do espelho.

MEIO SONETO

a borboleta sob um alfinete
o morcego no bolso do poeta
chacais cotidianos de tocaia
um enxame de moscas sobre o pão

entretanto mais livres do que nunca
pombas
pombas
pombas

EPITÁFIO PROVISÓRIO

Está completamente morto agora,
lagarto empalhado, múmia do Egito.

Nascido num país em cujos ares
poetas voejavam aos milhares,

ficou no chão, nada fez de inaudito:
disse apenas um verso e foi-se embora.

ÉCLOGA

lentos bois,
passam por mim
os dias

METAMORFOSES

sou o que sou:
o silêncio após o mas
e o ou

fui o que fui:
um ruído entre
o constrói e o rui.

fosse o que fosse:
a ponte (que pena!)
quebrou-se

ser o que seria:
já crepúsculo mal
começa o dia?

DE *DE ONTEM PARA HOJE* (1996)

GONZAGUIANA

Em tronco de velho freixo
exposto à lixa dos ventos
ao vitríolo do tempo
não gravo teu nome não:

gravo-o no meu coração.

ÍTACA

Na gaiola do amor
não cabem asas de condor.
Penélopes? Cefaléias!
Quanta saudade, odisséias...

DE *SOCRÁTICAS* (INÉDITO)

MOMENTO

Visto assim do alto
no cair da tarde
o automóvel imóvel
sob os galhos da árvore
parece estar rumo
a algum outro lugar
onde abolida a própria
idéia de viagem
as coisas pudessem
livremente se entregar
ao gosto inato
da dissolução – e é noite.

PREPARATIVOS DE VIAGEM

Vários dos seus amigos mortos dão hoje nome a ruas e praças.
Ele próprio se sente um pouco póstumo quando conversa com gente jovem.
Dos passeios, raros, a melhor parte é a volta para casa.
As pessoas lhe parecem barulhentas e vulgares. Ele sabe de antemão tudo quanto possam dizer.
Nos sonhos, os dias da infância são cada vez mais nítidos e fatos aparentemente banais do seu passado assumem uma significância que intriga.
O vivido e o sonhado se misturam agora sem lhe causar espécie.
É como se anunciassem um estado de coisas cuja possível iminência não traz susto.
Só curiosidade. E um estranho sentimento de justeza.

AUTO-EPITÁFIO Nº 2

para quem pediu sempre tão pouco
o nada é positivamente um exagero

BIOGRAFIA

José Paulo Paes nasceu em Taquaritinga, no interior de São Paulo, no dia 22 de julho de 1926. Como gostava de dizer, parece que foi destinado aos livros, pois na casa em que veio ao mundo ficava também a livraria do avô materno, J. V. Guimarães. Seu pai, Paulo Artur Paes da Silva, português de nascimento, era caixeiro-viajante e se encontrou e casou com Diva Guimarães em Taquaritinga, em 1925. As recordações da casa, da vida familiar, dos dias de infância, serão matéria de muitos poemas, sobretudo nos últimos livros, e de um capítulo da autobiografia *Quem, eu?*, publicada em 1996.

Na pequena cidade da antiga Araraquarense, fez os primeiros estudos, até o início do ginásio, transferindo-se depois para Araçatuba, no noroeste do Estado, onde concluiu o secundário. Quis logo cuidar da própria vida e decidiu arriscar-se na capital; prestou o exame de ingresso no curso de química industrial do Mackenzie, mas não conseguiu passar. Deixou-se ficar por algum tempo ainda em São Paulo, mas já no começo de 1944 se achava em Curitiba, onde faria o almejado curso técnico e firmaria sua vocação de escritor, revelada antes no gosto precoce e intenso da leitura e nos escritos de menino em jornaizinhos de escola.

A fase curitibana, pelo convívio com a roda de escritores e artistas do Café Belas-Artes, que freqüentou com assiduidade, pelas primeiras colaborações em jornais e revistas, pelas muitas e variadas leituras que fez, pela descoberta do vasto mundo que ali se deu, foi de fato decisiva para a sua formação e para a carreira literária posterior. Conviveu então com um crescente círculo de amigos, de que fizeram parte o poeta Glauco Flores de Sá Brito, o contista e crítico de cinema Armando Ribeiro Pinto, o jornalista e ensaísta Samuel Guimarães da Costa, o crítico de arte Eduardo Rocha Virmond, o pintor Carlos Scliar. Aproximou-se também do grupo da Livraria Ghignone, freqüentada pelos críticos Wilson Martins e Temístocles Linhares e por Dalton Trevisan, o grande contista e fundador da revista *Joaquim,* em que José Paulo pouco depois colaboraria. Era o mundo cultural da província, mas siderado pelos grandes centros, bem-informado sobre as correntes principais do pensamento e da literatura da época.

Junto com Dalton e outros jovens intelectuais paranaenses comporia uma frente comum por ocasião do II Congresso Brasileiro de Escritores, de importante atuação política no combate final, em 1947, ao que restava da ditadura do Estado Novo. O encontro com os grandes nomes da literatura brasileira então reunidos em Belo Horizonte e os novos contactos que fez com James e Jorge Amado, com Graciliano e Ricardo Ramos, na breve estada no Rio de Janeiro, após a reunião do Congresso em Minas, toda essa emocionante aventura para o mocinho provinciano se tornaria inesquecível. Foi, além disso, muito fecunda para o trabalho do escritor nos anos seguintes, enriquecido pela experiência vivida intensamente sob uma perspectiva histórica nova, alargada pela visão mundial do pós-guerra.

Pouco antes da viagem a Minas, em 1947, José Paulo publica *O aluno*. Era o seu primeiro livro e foi bem acolhido pela crítica de Sérgio Milliet, mas visto com rigor por Carlos Drummond de Andrade, que observa, com agudeza, o jovem poeta ainda se procurando através dos outros, sem se encontrar dentro de si mesmo. A procura de si mesmo se estendia também ao campo social. O poeta se entusiasmara com os ventos renovadores que se seguiram à derrota do nazi-fascismo, e internamente, à queda do Estado Novo, com o movimento de redemocratização do País, a libertação de Luís Carlos Prestes e a reorganização do partido comunista. Empenhara-se na luta pelas questões sociais em prol de "um mundo só", como então se dizia. A arte de propaganda e a pregação stalinista do realismo socialista, no entanto, logo o desencantaram, deixando-o com as perplexidades dos conflitos irresolvidos entre arte e ideologia que partiram ao meio o século. As simpatias de esquerda, porém, não desfalecerão, retornando no miolo de uma poesia empenhada na defesa da cidadania, dos valores da civilidade, dos direitos plenos do homem na cidade.

Em 1949, após tentar um estágio numa usina de álcool em Taquaritinga, o poeta se muda para São Paulo, a fim de trabalhar numa indústria farmacêutica, onde aos poucos consegue exercer seu ofício de químico, no cargo de analista. Começa uma vida cheia de novidades e descobertas: amigos como Edgar Cavalheiro ou o ferino e fulgurante Oswald de

Andrade; e, de repente, Dora, que se converterá na musa de toda a sua poesia. Dora era Dorinha Costa, bailarina clássica de 18 anos, aluna de balé de Maria Olenewa, com quem José Paulo se casaria em 1952. Foi sua companheira inseparável de todos os momentos.

Em fevereiro de 1952, publica *Cúmplices*, poemas inspirados nesse amor que veio para ficar. A nova plaquete representa um salto qualitativo grande com relação à anterior, uma vez que já não se tratava de um aprendiz do ofício, dependente dos grandes mestres do Modernismo – de Drummond, Bandeira ou Murilo –, mas de um poeta que tem rumo próprio e caminha com simplicidade e ironia, sem qualquer altissonância, em busca da poesia condensada na forma concisa do epigrama. O modelo de humor oswaldiano, muito presente em certo momento, quando o poeta se aproxima também da vanguarda concretista, é logo superado na fórmula pessoal de grande contundência com que trabalha o epigrama para afeiçoá-lo a um original tratamento minimalista em que a verve satírica, a ironia e o chiste escondem uma latente gravidade.

O caminho poético estava aberto e a viagem começa, delineando uma trajetória cada vez mais voltada para a experiência resguardada ao longo dos anos: os pequenos poemas vão compondo a fisionomia de um homem, cujos passos são resgatados na forma precisa de um cancioneiro único, em que a poesia se torna a imagem do ser e seu destino. Desse percurso são marcos relevantes os livros *Anatomias* (1967), *Meia palavra* (1973) e *Resíduo* (1980). Quando se reúnem, em 1986, sob o título sugestivo de *Um por todos*, os poemetos mostram a força que têm no conjunto, como diagrama de uma vida e inacabado mosaico de uma mitologia pessoal. Seguem-se vários outros livros, como *A poesia está morta mas juro que não fui eu*, em 1988, mas o principal da produção mais recente e do melhor José Paulo surge em *Prosas seguidas de odes mínimas*, de 1992, e *A meu esmo*, de 1995. E o poeta tem prometida nova coletânea, *Socráticas*, de que já deu a conhecer vários poemas, alguns aqui reunidos.

A certa altura de sua vida, José Paulo se afastou do mundo do laboratório, para se aproximar ainda mais dos livros, trabalhando numa editora por mais de vinte anos. Grande ilusão. Ao sair, sentiu-se como que alforriado e com vontade de se dedicar apenas às tarefas literárias, que eram muito mais extensas, embora não menos malpagas que as do poeta. A esse tempo, o gosto variado do leitor contumaz o levara a aprender línguas e a dedicar-se à traiçoeira labuta do tradutor, assim como à imperceptível arte do ensaísta, tendo que considerar de mais perto o quanto custava o ofício rasteiro de criar árvores anãs, sem a bênção dos bonzos.

José Paulo se fez então muito conhecido em nosso meio cultural, mostrando-se sempre avesso, às vezes injustamente, ao saber acadêmico e desconfiado dos rituais universitários, mas disposto ao diálogo crítico com os novos e a tradição literária, cujos valores esquecidos ou ignorados ajudou a rever pelo trabalho de erudição e reavaliação crítica, como foi o caso de Sosígenes Costa. Tornou-se, assim, o tradutor de Arctino, de Kaváfis, de Sterne, de Gibbon, de Auden, de muitos outros, da literatura fantástica, da poesia erótica e dos poetas gregos modernos que deu a conhecer em nosso idioma, como o notável Ritsos. Foi também o ensaísta que estudou Augusto dos Anjos, Graça Aranha, Jorge Amado e tantos mais, de nossa literatura e estrangeiros, sempre com a mesma dignidade e o empenho de um íntegro homem de letras.

José Paulo Paes faleceu em 9 de outubro de 1998 em São Paulo.

BIBLIOGRAFIA

POESIA

O aluno. Curitiba, Edições O Livro, 1947.
Cúmplices. São Paulo, Edições Alarico, 1951.
Poemas reunidos. São Paulo, Cultrix, 1961.
Anatomias. São Paulo, Cultrix, 1967.
Meia palavra. São Paulo, Cultrix, 1973.
Resíduo. São Paulo, Cultrix, 1980.
Um por todos. (Poesia reunida). Pref. A. Bosi. São Paulo, Brasiliense, 1986.
A poesia está morta mas juro que não fui eu. São Paulo, Duas Cidades, 1988.
Prosas seguidas de odes mínimas. São Paulo, Companhia das Letras, 1992.
A meu esmo. Ilha de Santa Catarina, Noa Noa, 1995.
De ontem para hoje. São Paulo, Boitempo Editorial, 1996.

POESIA INFANTO-JUVENIL

É isso ali, Rio de Janeiro, Salamandra, 1984.
Poemas para brincar, São Paulo, Ática, 1988.
Olha o bicho, São Paulo, Ática, 1989.
O menino de olho d'água, São Paulo, Ática, 1991.
Uma letra puxa a outra, São Paulo, Cia. das Letrinhas, 1992.
Um número depois do outro, São Paulo, Cia. das Letrinhas, 1993.
Lê com cré, São Paulo, Ática, 1993.
Um passarinho me contou, São Paulo, Ática, 1996.

ENSAIO

As quatro vidas de Augusto dos Anjos, São Paulo, Pégaso, 1957.
Os poetas, São Paulo, Cultrix, 1961.
Mistério em casa, São Paulo, CEL, 1961.
Pavão parlenda paraíso, São Paulo, Cultrix, 1977.
Gregos e baianos, São Paulo, Brasiliense, 1985.
A aventura literária, São Paulo, Cia. das Letras, 1990.
Tradução: a ponte necessária, São Paulo, Ática, 1990.
De "Cacau" a "Gabriela": um percurso pastoral, Salvador, Fundação Casa de Jorge Amado, 1991.
"Canaã" e o ideário modernista, São Paulo, EDUSP, 1992.
Transleituras, São Paulo, Ática, 1995.
Os perigos da poesia e outros ensaios, Rio de Janeiro, Topbooks, 1997.

PRINCIPAIS TRADUÇÕES

Sonetos luxuriosos, de Pietro Aretino, Rio de Janeiro, Record, 1981.
Poemas, de Konstantinos Kafávis, Rio de Janeiro, Nova Fronteira, 1981.
Tristram Shandy, de Laurence Sterne, Rio de Janeiro, Nova Fronteira, 1984.
Os buracos da máscara, antologia de contos fantásticos, São Paulo, Brasiliense, 1986.
Poesia moderna da Grécia, Rio de Janeiro, Guanabara, 1986.
Poemas, de W. H. Auden (em colaboração com João Moura Jr.), São Paulo, Cia. das Letras, 1986.
Às avessas, de J. K. Huysmans, São Paulo, Cia. das Letras, 1987.

Poemas, de Williams Carlos Williams, São Paulo, Cia. das Letras, 1988.
Declínio e queda do Império Romano, de Edward Gibbon, São Paulo, Cia. das Letras, 1989.
Poesia erótica em tradução, São Paulo, Cia. das Letras, 1990.
Nostromo, de Joseph Conrad, São Paulo, Cia. das Letras, 1991.
Poemas, de Giorgos Seféris, São Paulo, Nova Alexandria, 1995.
Ascese, de Nikos Kazantzákis, São Paulo, Ática, 1997.
Quinze poetas dinamarqueses, Florianópolis, Letras Contemporâneas, 1997.

ÍNDICE

Agora tudo é história 7

De *O aluno* (1947)

Canção do afogado 59
Drummondiana 61
Balada 62
O poeta e seu mestre 64
Muriliana 65
O aluno 66

De *Cúmplices* (1951)

Madrigal 69
Canção sensata 70
Pequeno retrato 72
Poema circense 73
Ode pacífica 74
Epigrama 76

De *Novas cartas chilenas* (1954)

Ode prévia 79
Os navegantes 81
A carta 83

A mão-de-obra 86
L'affaire sardinha 87
A cristandade 88
Palmares 89
A fuga 93
Cem anos depois 96
Porque me ufano 97

De *Epigramas* (1958)

Poética 103
A Edgar Allan Poe 104
Bucólica 105
Il poverello 106
Baladilha 107
Ivan Ilitch, 1958 109
A Clausewitz 111

De *Anatomias* (1967)

Epitáfio para um banqueiro 115
De Senectute 116
Trova do poeta de vanguarda ou
The medium is the massage 117
Epitalâmio 118
Ocidental 119
A Maiacóvski 120
À moda da casa 121
O poeta ao espelho, barbeando-se 122
Anatomia da musa 124
O suicida ou Descartes às avessas 125

De *Meia palavra* (1973)

Sick transit	129
Canção de exílio facilitada	130
Seu metaléxico	131
Ars amandi	132
Minicantiga d'amigo	133
Auto-escola Vênus	134
Lição de casa sobre um tema de Apollinaire	135
Entropia	136
Saldo	137
Declaração de bens	138
Antiturística	139
Termo de responsabilidade	140

De *Resíduo* (1980)

Epitáfio para Rui	143
Um sonho americano	144
Les mains sales	145
Neopaulística	146
Brecht revisitado	147
Hino ao sono	148
Do novíssimo testamento	149
Grafito	150

De *Calendário perplexo* (1983)

Brinde	153
Dúvida revolucionária	154
Dia do índio	155
Etimologia	156

A verdadeira festa 157
A marcha das utopias 158

De *A poesia está morta mas juro que não fui eu* (1988)

Acima de qualquer suspeita 161
Poética 162
Fêtes galantes 163
Taquaritinga 164
Curitiba 165
Lisboa: aventuras 166
Pisa: a torre 167
Florença: antediluviana 168
Duas elegias bibliográficas 169
Epitáfio para um sociólogo 171

De *Prosas seguidas de odes mínimas* (1992)

Escolha de túmulo 175
Noturno 176
Canção de exílio 177
Um retrato 178
Outro retrato 180
A casa 182
Iniciação 183
Nana para Glaura 184
Balancete 185
Reencontro 186
Balada do Belas-Artes 187
À minha perna esquerda 189
À bengala 194
Aos óculos 195
À tinta de escrever 196

Ao shopping center 197
Ao espelho 198
Ao alfinete 199
A um recém-nascido 200

De *A meu esmo* (1995)

Revisitação 205
Folha corrida 207
Centaura 208
Pós-epitalâmio 209
Orfeu 210
Meio soneto 212
Epitáfio provisório 213
Écloga 214
Metamorfoses 215

De *De ontem para hoje* (1996)

Gonzaguiana 219
Ítaca 220

De *Socráticas* (inédito)

Momento 223
Preparativos de viagem 224
Auto-epitáfio nº 2 225
Biografia 227
Bibliografia 233

COLEÇÃO MELHORES CONTOS

ALUÍSIO AZEVEDO
Seleção e prefácio de Ubiratan Machado

ANTÓNIO DE ALCÂNTARA MACHADO
Seleção e prefácio de Marcos Antonio de Moraes

ARTUR AZEVEDO
Seleção e prefácio de Antonio Martins de Araujo

ARY QUINTELLA
Seleção e prefácio de Monica Rector

AURÉLIO BUARQUE DE HOLANDA
Seleção e prefácio de Luciano Rosa

AUTRAN DOURADO
Seleção e prefácio de João Luiz Lafetá

BERNARDO ÉLIS
Seleção e prefácio de Gilberto Mendonça Teles

BRENO ACCIOLY
Seleção e prefácio de Ricardo Ramos

CAIO FERNANDO ABREU
Seleção e prefácio de Marcelo Secron Bessa

COELHO NETO
Seleção e prefácio de Marcos Pasche

DOMINGOS PELLEGRINI
Seleção e prefácio de Miguel Sanches Neto

EÇA DE QUEIRÓS
Seleção e prefácio de Herberto Sales

EDLA VAN STEEN
Seleção e prefácio de Antonio Carlos Secchin

FAUSTO WOLFF
Seleção e prefácio de André Seffrin

HÉLIO PÓLVORA
Seleção e prefácio de André Seffrin

HERBERTO SALES
Seleção e prefácio de Judith Grossmann

HERMILO BORBA FILHO
Seleção e prefácio de Silvio Roberto de Oliveira

HUMBERTO DE CAMPOS*
Seleção e prefácio de Evanildo Bechara

IGNÁCIO DE LOYOLA BRANDÃO
Seleção e prefácio de Deonísio da Silva

J. J. VEIGA
Seleção e prefácio de J. Aderaldo Castello

JOÃO ALPHONSUS
Seleção e prefácio de Afonso Henriques Neto

JOÃO ANTÔNIO
Seleção e prefácio de Antônio Hohlfeldt

JOÃO DO RIO
Seleção e prefácio de Helena Parente Cunha

JOÃO GUIMARÃES ROSA
Seleção e prefácio de Walnice Nogueira Galvão

JOEL SILVEIRA
Seleção e prefácio de Lêdo Ivo

LÊDO IVO
Seleção e prefácio de Afrânio Coutinho

LIMA BARRETO
Seleção e prefácio de Francisco de Assis Barbosa

LUIZ VILELA
Seleção e prefácio de Wilson Martins

LYGIA FAGUNDES TELLES
Seleção e prefácio de Eduardo Portella

MACHADO DE ASSIS
Seleção e prefácio de Domício Proença Filho

MARCOS REY
Seleção e prefácio de Fábio Lucas

MÁRIO DE ANDRADE
Seleção e prefácio de Telê Ancona Lopez

MARQUES REBELO
Seleção e prefácio de Ary Quintella

MOACYR SCLIAR
Seleção e prefácio de Regina Zilbermann

*Monteiro Lobato**
Seleção e prefácio de Gustavo Henrique Tuna

Nélida Piñon
Seleção e prefácio de Miguel Sanches Neto

Orígenes Lessa
Seleção e prefácio de Glória Pondé

Osman Lins
Seleção e prefácio de Sandra Nitrini

Ribeiro Couto
Seleção e prefácio de Alberto Venancio Filho

Ricardo Ramos
Seleção e prefácio de Bella Jozef

Rubem Braga
Seleção e prefácio de Davi Arrigucci Jr.

Salim Miguel
Seleção e prefácio de Regina Dalcastagnè

Simões Lopes Neto
Seleção e prefácio de Dionísio Toledo

Walmir Ayala
Seleção e prefácio de Maria da Glória Bordini

*PRELO

COLEÇÃO MELHORES POEMAS

Affonso Romano de Sant'Anna
Seleção e prefácio de Miguel Sanches Neto

Alberto da Costa e Silva
Seleção e prefácio de André Seffrin

Alberto de Oliveira
Seleção e prefácio de Sânzio de Azevedo

Almeida Garret
Seleção e prefácio de Izabela Leal

Alphonsus de Guimaraens Filho
Seleção e prefácio de Afonso Henriques Neto

Alphonsus de Guimaraens
Seleção e prefácio de Alphonsus de Guimaraens Filho

Alvarenga Peixoto
Seleção e prefácio de Antonio Arnoni Prado

Álvares de Azevedo
Seleção e prefácio de Antonio Candido

Álvaro Alves de Faria
Seleção e prefácio de Carlos Felipe Moisés

Antero de Quental
Seleção e prefácio de Benjamin Abdalla Junior

*Antonio Brasileiro**
Armando Freitas Filho
Seleção e prefácio de Heloisa Buarque de Hollanda

Arnaldo Antunes
Seleção e prefácio de Noemi Jaffe

Augusto dos Anjos
Seleção e prefácio de José Paulo Paes

Augusto Frederico Schmidt
Seleção e prefácio de Ivan Marques

Augusto Meyer
Seleção e prefácio de Tania Franco Carvalhal

Bocage
Seleção e prefácio de Cleonice Berardinelli

Bueno de Rivera
Seleção e prefácio de Affonso Romano de Sant'Anna

Carlos Nejar
Seleção e prefácio de Léo Gilson Ribeiro

Carlos Pena Filho
Seleção e prefácio de Edilberto Coutinho

Casimiro de Abreu
Seleção e prefácio de Rubem Braga

Cassiano Ricardo
Seleção e prefácio de Luiza Franco Moreira

Castro Alves
Seleção e prefácio de Lêdo Ivo

Cecília Meireles
Seleção e prefácio de André Seffrin

Cesário Verde
Seleção e prefácio de Leyla Perrone-Moisés

Cláudio Manuel da Costa
Seleção e prefácio de Francisco Iglésias

Cora Coralina
Seleção e prefácio de Darcy França Denófrio

Cruz e Sousa
Seleção e prefácio de Flávio Aguiar

Dante Milano
Seleção e prefácio de Ivan Junqueira

Fagundes Varela
Seleção e prefácio de Antonio Carlos Secchin

Fernando Pessoa
Seleção e prefácio de Teresa Rita Lopes

Ferreira Gullar
Seleção e prefácio de Alfredo Bosi

Florbela Espanca
Seleção e prefácio de Zina Bellodi

Gilberto Mendonça Teles
Seleção e prefácio de Luiz Busatto

Gonçalves Dias
Seleção e prefácio de José Carlos Garbuglio

Gregório de Matos
Seleção e prefácio de Darcy Damasceno

Guilherme de Almeida
Seleção e prefácio de Carlos Vogt

Haroldo de Campos
Seleção e prefácio de Inês Oseki-Dépré

Henriqueta Lisboa
Seleção e prefácio de Fábio Lucas

Ivan Junqueira
Seleção e prefácio de Ricardo Thomé

João Cabral de Melo Neto
Seleção e prefácio de Antonio Carlos Secchin

Jorge de Lima
Seleção e prefácio de Gilberto Mendonça Teles

Lêdo Ivo
Seleção e prefácio de Sergio Alves Peixoto

Lindolf Bell
Seleção e prefácio de Péricles Prade

Luís de Camões
Seleção e prefácio de Leodegário A. de Azevedo Filho

Luís Delfino
Seleção e prefácio de Lauro Junkes

Luiz de Miranda
Seleção e prefácio de Regina Zilbermann

Machado de Assis
Seleção e prefácio de Alexei Bueno

Manuel Bandeira
Seleção e prefácio de André Seffrin

Marco Lucchesi*
Mário de Andrade
Seleção e prefácio de Gilda de Mello e Souza

Mário de Sá-Carneiro
Seleção e prefácio de Lucila Nogueira

Mário Faustino
Seleção e prefácio de Benedito Nunes

Mario Quintana
Seleção e prefácio de Fausto Cunha

Menotti del Picchia
Seleção e prefácio de Rubens Eduardo Ferreira Frias

Murilo Mendes
Seleção e prefácio de Luciana Stegagno Picchio

Nauro Machado
Seleção e prefácio de Hildeberto Barbosa Filho

Olavo Bilac
Seleção e prefácio de Marisa Lajolo

Patativa do Assaré
Seleção e prefácio de Cláudio Portella

Paulo Leminski
Seleção e prefácio de Fred Góes e Álvaro Marins

Paulo Mendes Campos
Seleção e prefácio de Humberto Werneck

Raimundo Correia
Seleção e prefácio de Telenia Hill

Raul de Leoni
Seleção e prefácio de Pedro Lyra

Ribeiro Couto
Seleção e prefácio de José Almino

Ronald de Carvalho*
Ruy Espinheira Filho
Seleção e prefácio de Sérgio Martagão Gesteira

Sosígenes Costa
Seleção e prefácio de Aleilton Fonseca

Sousândrade
Seleção e prefácio de Adriano Espínola

Thiago de Mello
Seleção e prefácio de Marcos Frederico Krüger

Tomás Antônio Gonzaga
Seleção e prefácio de Alexandre Eulalio

Torquato Neto
Seleção de Cláudio Portella

Vicente de Carvalho
Seleção e prefácio de Cláudio Murilo Leal

Walmir Ayala
Seleção e prefácio de Marco Lucchesi

*PRELO